快速通过考试

[美] 彼得·霍林斯（Peter Hollins） 著

严 霞 译

机 械 工 业 出 版 社

图书在版编目（CIP）数据

快速通过考试/（美）彼得·霍林斯（Peter Hollins）著；严霞译. —北京：机械工业出版社，2023.11

书名原文：ACE Your Exams, Tests, & Quizzes: 34 Test-Taking Strategies for Top Grades, Time Efficiency, Less Stress, and Academic Excellence

ISBN 978-7-111-74074-2

Ⅰ. ①快… Ⅱ. ①彼… ②严… Ⅲ. ①考试方法 Ⅳ. ①G424.74

中国国家版本馆 CIP 数据核字（2023）第 205465 号

机械工业出版社（北京市百万庄大街22号　邮政编码100037）
策划编辑：梁一鹏　刘　岚　　　　　责任编辑：梁一鹏　刘　岚
责任校对：薄萌钰　牟丽英　韩雪清　责任印制：常天培
北京机工印刷厂有限公司印刷
2024 年 1 月第 1 版第 1 次印刷
130mm×184mm·4.25 印张·68 千字
标准书号：ISBN 978-7-111-74074-2
定价：49.80 元

电话服务　　　　　　　　　网络服务
客服电话：010-88361066　　机　工　官　网：www.cmpbook.com
　　　　　010-88379833　　机　工　官　博：weibo.com/cmp1952
　　　　　010-68326294　　金　　书　　网：www.golden-book.com
封底无防伪标均为盗版　　机工教育服务网：www.cmpedu.com

目 录 ▶▶▶

考 试 前

考 试 中

考 试 后

考

试

前

第一章 ≫≫

奠定基础

一、制订学习计划

让我们从最开始的计划阶段说起。如果在考试中取得好成绩是你的最终目标，那么学习计划就是如何到达目标的路线图。如果你曾经在备考过程中，常常感到时间不够用，你就会清楚地意识到，最重要的第一步是预估你有多少时间可以利用。

事实是，从上课的第一天——甚至从更早的时候起，你就开始"为考试而学习"。理想情况下，准备考试应该是你在该学科所有学习活动的扩展和延伸。如果做得好，学习更像是复习，因为如果你事先制订了学习计划，那你应该会做学习笔记并复习这些笔记，完成家庭作业和练习，并在学习过程中做好总结。考试前的最后几周汇总所有学习资料，努力确保为考试当天做好万全准备。

1. 明确复习范围

在这里你需要回答两个基本问题：

- 复习范围涵盖的内容包括哪些？

- 有多少可用时间？

听起来这是很简单的问题，但许多学生会发现自己陷入困境，因为他们无法回答以上问题。请注意：如果第一个问题答案是"所有内容"，第二个问题答案是"尽我所能挤出时间"，那你的麻烦可就大了！你的回答需要更具体。为了决定你需要复习到哪些内容，你可以使用老师给你的指南或大纲，或者你可以参考过去的试卷，来了解考试的范围和深度。

其实，第一个问题不仅仅是关于复习内容，也是关于你如何展示你对知识的理解，也就是说，你认为考试会考哪些问题。同样，过去的试卷会给你一些启示，但你也可以回想一下整个课程中你做过的不同练习和作业。我们将在后面的章节中更详细地探讨不同的学习方法，但本质上都需要你把有限的时间分配到不同的学习任务上。这些任务可能包含：

- 阅读。

- 对阅读内容进行总结，例如，画出思维导图。

- 细节记忆，例如，制作和使用关键术语的抽认卡。

- 练习，如几何或代数问题的练习。

- 完成过去的试卷。

2. 规划复习时长

一旦你理解了复习需要涵盖的内容，那么你就可以估算你有多少时间，以及如何有策略地分配这些时间。例如，你正在准备一场生物考试。基于老师的指导和过去试卷的内容，你知道你需要复习第四至第八章。首先列出你需要完成的所有任务，例如，"通读一遍所有的章节""制作流程总结图"，以及"完成书后练习题"。然后估算一下这些任务中的每一项需要多长时间——请多估算一些！

如何知道每项任务需要多长时间？你可以猜一下。或者，你可以依据对自己的了解来估算。然而，最准确的方法是实际测算。例如，实际测试一下你读完半个章节花费多长时间，然后乘以 8，就得到读完四个章节所需的大概时长。这个额外的步骤看起来像是浪费时间，但事实上，它可以确保你以后不会浪费时间。

现在，还有三周就要考试了。算出每项任务需要多少时间后，你可以看着日历开始制订计划，请留出足够的时间休息并且准备应对意想不到的突发事件。在你的计划中，明确每天要完成的任务，以及需要多少时间来完成它们。这很简单，但很有效。

3. 制订复习计划的好处

- 你确切地知道自己应该做什么，什么时候做。如果你知道只要按计划执行，你就能完成所有任务，并为考试做好准备，这能平复你紧张的情绪。

- 当计划发生变化时，你只需将任务微调，而不会影响整体策略。举例来说，如果你发现周二会有一件计划外的事情，你可以为此腾出一些时间，且不会打乱这个计划。

- 你不会那么手忙脚乱——除了当天或学习期间要做的事情，你不需要考虑其他任何事情。这会让你更专注，更放松。

有效学习的两个最重要规则是：

（1）未雨绸缪。

（2）尽可能平均分配你的任务。

这意味着你开始得越早，你就有越多的时间来制订一个可行的计划，也就有越多的时间花在每项任务上，可以避免因为时间紧张而造成的考试压力。当我们感到不堪重负时，很多人都会选择拖延。我们看着一大堆要完成的任务，或感到筋疲力尽，或被困难所吓倒。但这种拖延往往后患无穷——我们拖延得越久，任务就堆积得越多，等到下次我们鼓起足够勇气想要开始的时候，发现它们看起来更可怕了。所以我们应该把制订学习计划看作是一种减轻压力、让事情变得简单的途径。

尽管如此，事情往往不会按照计划进行，我们可能不得不在更短的时间内完成比我们计划的更多的任务。这不是问题！如果你只有一周、三天或一天的时间，你仍然可以遵循计划制订的过程，只不过是个更为浓缩的版本。确定哪些是最需要关注的学习资料，决定学习这些资料需要完成哪些任务，以及每项任务需要多长时间，然后在可用的时间内安排这些任务。就是这么简单。你可用的时间越少，你就越需要把注意力集中在最重要的事情上，而忽略其他内容。

最后，在考试前还有一个关键提示：不要忘记休息和睡觉！你的大脑会在睡眠中巩固所学的内容。

二、提早复习

俗话说得好："种一棵树最好的时机是二十年前，第二好的时机就是现在。"复习也是如此，越早开始越好。你需要留给自己足够的时间去复习到所有学习内容，也需要时间去回顾、解决难题或者寻求帮助。

我们都做过一些临时抱佛脚的事情，但事实是你不太可能得到很好的结果……除非你所追求的结果是睡眠不足和额外的焦虑！最理想的情况是，你在课程的整个学习过程中都一如既往地全情投入，而备考仅仅是一个温故而知新的过程。

1. 何时开始复习

但是"提早"到底是有多早呢？

对于大多数课程，你很早就知道考试日期——至少一般来说是这样。尽早了解各个学科的考试时间，考试前，你至少需要一个月的学习和复习时间。这取决于几个因素：

- 如果你的学习强度很大，同时要学习多门课程，那就早点开始准备；

- 如果对你来说是特别困难的学科，那就早点开始准备；

- 如果是一个"成败攸关"的重要考试，那就早点开始准备。

你不必等到正式完成所有的课程后再开始复习——你可以在完成每个部分后做汇总小结和学习笔记，或者完成以往试卷的相关章节。这将大大减轻考试临近而带来的紧迫感。

2. 提早复习的好处

一般来说，你希望学习计划看起来是合理和可行的——最好是以两个月内每天复习两个小时为目标，而不是一个月内每天复习四个小时（或者，希望在三天内完成所有事情，并企图创造奇迹，期待每天你可以挤出四十个小时……）。你能空出越多的学习时间，你就有越多的时间用来复习，你的大脑就有越多的时间通过重复学习来巩固记忆。同样，你也有更多的时间去发现所有错误或误解并对它们进行纠正。

如果你在整个课程学习中都是一个勤奋的学生，那只需用复习代替你每周花在家庭作业、练习和阅读上的时间。开始准备考试的最佳时间是开始上课的第一天——这样，你就可以积极主动地做笔记和总结，这些都将成为以后的复习材料。如果你能做到遇到不懂之处就提问，正确理解每个知识点，并一步一步地巩固所学，你就不会在考试时遇到什么新的挑战。

三、养成良好的学习习惯

要在考试中取得好成绩，你不需要是天才或幸运儿，你也不需要是超人。你需要做的就是坚持不懈。

优秀的学生知道如何利用习惯和渐进式练习。奇怪的是，学校很少教授学生任何课堂之外可以使用的学习习惯或技巧。如果让学生自己去摸索，他们最终可能会坚持使用糟糕的方法，只因为那是他们一直以来的做法。

一旦你有了学习计划，你需要有一个固定的不会轻易变动的日程安排。你需要找到合适的学习地点——选择干扰少但又不至于"死一般寂静"的地方（"咖啡店效应"是真实的：轻微的背景音乐实际上可以帮助你更好地集中注意力）。唯一的硬性规定是要有充足的照明和让你坐得舒服的座位。

1. 制订规划并养成习惯

制订规划本身就是一种普通的习惯。每一节课、每一天和每一周开始和结束时，快速自我定位，看看已经做了什么，还需要做什么，以及可能要做的任何调整。充分利用日记、日历和待办事项清单——只需选择一种方法并坚持下去。你感觉越有条理，越有掌控感，压力就越小，也越自信。然而，这不仅仅是关于学习内容的问题：请你留出时间进行思考和复盘，用日记来记录你对整个学习过程的想法和感受。

2. 排除干扰专心学习

一些学生喜欢有一些小仪式，帮助他们排除干扰，专注学习。例如：把手机或其他设备放在另一个房间，关上门，在门上挂一个"请勿打扰"的牌子，戴上降噪耳机或者泡一杯花草茶。安装可以屏蔽社交媒体或其他互联网网站的软件，或者完全脱机以避免分心。把手机调成静音，这样就可以忽略任何通知。在这里，技术可能是你最大的敌人，如果你明智地利用技术，它也可能成为你的朋友。现在有无数的应用程序可以帮助你记录你的日程安排来排除干扰，或只是记录学习时间来追踪你的进展。

3. 坚持健康的生活习惯

日常学习习惯是所有那些当下看起来无关紧要，但累积起来会有很大效果的小事。例如，每一次学习结束时，适当的眼部放松和休息是个不错的主意，眨眨眼，凝视远方，花些时间左右上下地转转眼球，这样可以防止疲劳。因为自我护理和身体健康对你的学业成功也非常重要，所以你能为自己的成绩做得最好的事情之一就是保持良好的运动计划，吃健康的食物，并且保证良好的睡眠。

4. 保持舒适的学习环境

每次学习结束时，记得整理一下桌子。这将有助于你保持条理，更重要的是，你将向你的潜意识传递这样的信息：你正积极主动地掌控你的学习进程。为了同样的目的，你可以让你的学习环境变得非常舒适、宁静和个性化。使用芳香疗法、蜡烛能激励你的重要纪念品或者植物盆栽等来营造一个你喜欢每天待上几个小时的空间。

5. 保持积极的学习状态

把学习时间安排在你个人状态最好、精力最充沛的时候，并留出足够的休息时间。如果你及早开始并做好计划，你将有足够的时间应付身体疾病或最后一分钟的计划变化。最后，你可能想尝试的一个习惯是，以快速自我肯定的方式来开始每一次的学习。这不一定是什么虚头巴脑的东西——只要闭上眼睛，集中注意力，想象自己将以清晰而坚定的态度完成之后的学习。尝试一句口头禅或是肯定的话，比如，"每一天，我都更接近我的目标"或"我已经做到了"。你会惊讶于这样一件小事能带来多大的变化！

四、确定学习方式

不同的人学习方式不同。你以前可能已经遇到过不同的学习方式，但这有什么意义吗？最有可能的答案是，我们每个人都可以在学习中找到自己独特的优势、劣势和兴趣，并尽可能地增强这些优势。其次，我们的学习方式取决于我们正在学习的内容——根据手头的学习内容，我们会有不同偏好的学习方式。

1. 不同的学习风格

学习风格理论在20世纪70年代获得了突出的成就，但此后一直受到教育心理学家、教师和神经科学家的质疑，他们认为人们学习方法的差异可能远没有我们最初想象的那么大。对于存在多少种不同的学习风格以及如何更好地支持该学习风格，各种研究理论的意见略有不同，但大体上有以下几种类型：

● 视觉型。他们喜欢通过视觉学习。当事物被转换成图形、图表、地图、抽认卡、表格和思维导图的形式时，他们可以最快最好地掌握这些新概念。

● 听觉型。他们通过聆听/听觉学习效果最好。他们喜欢信息以声音的形式呈现，并以小组讨论、口头重复、录音或记忆的形式保留信息。

● 读写型。书面文字是他们的媒介，当信息通过阅读或写作传达时，他们能更好地处理新信息。他们喜欢做详细的笔记以及重复书写。

● 动觉型。他们通过触摸、运动和肢体活动来学习。信息需要用物理模型、触觉材料、亲身经历和动手实践来表现。

一些理论家认为人分为抽象思维者和具体思维者，或是发散思维者和收敛思维者（即有些人的思维是扩张性和探索性的，而不是局限于结论的）。其他一些理论家，如霍尼和蒙福特声称，根据人们的思维和工作方式不同，可分为活动家、实用主义者、理论家和反思者。格雷戈克和巴特勒则把人的思考问题的方法分为顺序性方法（即线性和逻辑性）和随机性方法（即多方向性）。此外，还有其他更多的类型和模式。

2. 了解你的学习风格

事实上，关于学习风格的科学证据并不是那么有说服力，即使人们可能会表现出暂时的偏好，但这些偏好也会发生改变。此外，先天的优势不同于偏好。需要考虑的一点是，对自己学习风格的先入之见实际上可能会限制你的潜力。如果你认为你的学习风格实际上只是你养成的一个对你不利的坏习惯，那就更是如此！

你是否应该努力调整你的学习方法来更好地适应你的学习风格？嗯，这还没有定论。与此同时，为了最大限度地发挥你的优势，强化你的优势或克服你的弱点，这可能是一个更好的主意。问自己以下几个问题，看看你能做些什么来更好地支撑自己：

- 你是喜欢抽象的理论，还是喜欢具体事例和亲身实践？

● 你喜欢有组织的、按部就班的工作方式，还是喜欢更随机和更"混乱"的方式？

● 什么形式的信息对你来说最自然、最舒服，比如笔记、图表、录音？

● 你喜欢自己寻找解决问题的方法，还是接受其他知情人的指导？

● 哪种学习内容对你来说最容易，为什么？

● 什么样的技术、方法或思维方式对你来说确实不起作用，该如何避免或适应？

3. 灵活调整学习方式

上述问题将揭示你的偏好，但不一定是天生的优势。调整你的策略，让自己感觉更舒服，从长远来看可能确实会让你效率更高。更重要的是，这些问题可以让你涉及一些元认知——也就是，对思考的思考——并帮助你掌握更好的学习方法。

当涉及你接收、分析和记忆新信息的方式时，意识到你的认知范围存在局限性是很重要的一点。例如，如果某本教科书对你不起作用，你可以尝试换一本。也可以上网搜索一些人们从完全不同的角度去解析问题的视频。你可能会发现，简单地让一个有着不同背景或个性的人去谈论，比如说微积分方程，会让你觉得突然一切都变得更容易理解了。

　　按照以前的想法，如果你是一个听觉学习者，你必须尝试将所有的书面材料转换成音频录音。但是这种策略不太值得尝试，因为大多数人，哪怕只接受过少量正规教育，在某种程度上都能适应书面材料。更重要的是，根本没有一种现实的方法，可以让一个动觉型学习者来"触碰"更高层次的资料，如经济学、纯数学或比较宗教研究。

4. 全方位了解学习内容

　　如果你不确定你的学习风格，也从来没有考虑过你所接收的信息是以何种方式呈现的，这完全没问题。不过，还是值得不断思考你的大脑是如何思考的，并尽你所能与之合作。尽可能使用不同形式的信息，例如，创建详细的书面笔记，大量使用颜色、符号、形状和图表，并辅以录音材料、音频材料以及大量的练习题和现实生活中的事例，来丰富不同的信息呈现方式。

　　无论你的学习风格如何，这可以让你对新的学习内容有更全方位的理解，并为你的大脑记忆提供更多的"抓手"，以备日后的信息抓取。最后，要有灵活性，尽量不要把自己局限在条条框框里。你可能会在某一天就某一主题倾向于一种比较积极、投入的学习风格，但第二天，你会发现对另一个主题你只喜欢做简单的书面笔记。没有必要坚持一些不起作用的做法。如果在一个难懂的段落中你很难记住其中的细节，那就换个方法——改变你的策略，将同样的信息用一个图表或表格来代替。只要有效就好！

五、创建考试清单

你可能已经制订了考试前几周或几天的学习计划，但你还需要考虑如何为考试本身做好准备。

考试清单将确保你在参加考试时有充分的准备和自信，而不会在最后一刻感到焦虑不安。在脑海中设想一下：从早上醒来的那一刻起，到放下笔的那一刻，考试当天会是什么样子，列出考试时需要携带的所有物品，并在考试前一天整理好——如果可能的话，尽早整理好。例如，你的清单可以是这样的：

- 铅笔和卷笔刀。
- 钢笔（准备几种不同颜色的笔备用）。
- 尺子。
- 橡皮。
- 计算器。
- 方程式列表。

- 其他特殊工具。

- 毛衣。

- 水瓶。

- 纸巾（如果需要的话）。

- 小零食（吃起来动静小的，如果考试时间很长，且允许带食物的话）。

- 学生证、学号或类似证件。

- 手表或其他可以计时的东西。

- 眼镜（如果需要的话）。

- 标注考试地点的地图或地址（附上交通路线）。

- 口罩或洗手液（如果需要的话）。

带一个小巧但能装下你所需物品的包。进入考场之前，清楚了解考场规则。大多数考场不允许携带智能手机，而有些考场会要求完全关闭手机或将其留在考场后面。如果你依赖手机来计时，可以买块便宜的手表，以备不时之需。携带任何幸运物品或饰品时要三思，虽然没什么坏处。如果它对考试本身不是百分之百的必需品，还不如把它留在家里。

最后，确保考试之前，留出足够的时间去趟洗手间。紧张会导致膀胱过度活跃，你最不希望的就是在考试期间因为需要上洗手间而分心！

六、收集实战细节

1. 再三确认考试相关信息

当你忙着准备考试所需物品的时候，也要确保你在其他方面做好了准备。请再三确认考试地点、日期和时间，并确认你收到所有考试相关的信息。如果考点是一个你不熟悉的地点，提前规划你的行程，不要完全相信网上地图！如果你能提前去一次考点，那就更好了。确认你需要携带哪些资料来证明考试身份或考试报名资格等。如果是开卷考试，请带好必要的书籍或笔记。

2. 做好应对突发情况的备案

还要确保如遇紧急情况该怎么处理。例如，你可能当天生病了，或者去考试的路上被耽搁了，你需要知道该与谁联系。如果你知道自己可能会睡过头，那就设置一个闹钟来叫醒自己，并准备一个到两个的备用闹钟，确保万无一失。

3. 轻松应对不慌乱

考试前几周，请列好一份考试清单，每当你想起新的东西时就可以添加进去，这样你就不必在考试当天手忙脚乱了。考试前一天晚上，不要临时抱佛脚地紧张学习，可以适当做一些复习，当晚务必吃好饭睡好觉。从学习中抽身出来，休息一下放松一下，也许是个不错的选择。查看天气预报，准备好第二天早上要穿的衣服，收拾好包，给手机充好电，并确保钱包里有停车或乘坐公共交通时需要的硬币。

4. 考前避免高强度学习

那你应该在考试当天认真复习吗？如果你的考试安排在上午，你可能没有时间。但如果你的考试是在下午或者更晚的时候开始，尽量避免高强度的复习，这只会让自己疲惫不堪。如果实在有复习需要的话，可以浏览一些笔记要点或做一些练习或背诵。无论你做什么，避免和其他学生在一起，因为学生们互相分享笔记内容，吐槽对考试的担忧，或者交流备考情况，这只会让你更紧张！

5. 留好充足的时间

早上，确保你留有足够的时间提前到达考场——提前 45 分钟到比迟到 10 分钟要好得多！吃一顿清淡但有营养的早餐，咖啡要少喝。如果你依靠公共交通或有很长的路要走，确保你有一些备用计划，如有意外发生，有足够的时间应对交通状况或其他延误。你需要知道你将在哪里停车，考场所在的位置以及如何到达那里——有时当考生们以为花 15 分钟可以在一个复杂的建筑群中找到考场时，他们实际上往往会花更长的时间。

考试前，请深呼吸，说几句自我肯定的话，并非常仔细地听清所有指示。仔细检查考卷是否正确，并开始计时。现在万事俱备，你做得很好！现在是时候放轻松，集中精力，记住你所知道的——这是我们下一章的主题。

七、保留休息时间

也许你周围有些全力以赴学习的同学，如果学校里每一小时的授课内容，建议在家花两个小时巩固的话，他们会花上三个小时。前一天晚上，他们会在书桌前连续几个小时不停地学习，直到深夜。他们可能觉得自己是超级勤奋的学生，但事实是这种学习策略是不可持续的，很可能很快就会导致倦怠。

1. 休息的必要性

你需要努力学习并投入足够时间吗？当然需要。你是否需要改变自己的拖延症或激发你萎靡不振的学习动力？当然需要。但是假如你想在准备即将到来的考试（以及随后的考试）中来迎合这一观点的话，那你需要摒弃休息会降低学习效率的想法。许多人认为休息是我们已经筋疲力尽、别无选择的情况下才会做的事情，或者只有当我们疲惫不堪，想要拖延和偷懒时才应该休息。

我们需要用更健康的心态来看待休息的本质：它是学习过程中的一个必要组成部分，同时也是任何考试策略中不可或缺的一部分。换句话说，如果你认为减少休息时间会在某种程度上给你带来优势或帮助你更快地进步，那你就是个傻瓜。更多的时候，情况恰恰相反。这样想吧：一天二十四小时都在健身房训练的人在力量上是否比每天只训练一小时的人更有优势？

2. 休息的重要性

伊利诺伊大学的研究人员进行了一项研究，考察了参与者在 50 分钟内完成一项困难的任务。他们发现，50 分钟结束时，有休息的那组人员实际上比没有休息的那组人员有更强的精神耐力。虽然我们都被教导要尽量减少分心，但是给你的大脑一个休息的机会是很重要的。你的大脑是一个依靠葡萄糖运转的身体器官，它会因为过度使用而变得疲劳，就像身体的其他部分一样。你的精神和认知资源不是无限的——唯一能给它们充电的是真正的休息。

如果你休息一下，你的记忆力、精力水平、注意力、创造性思维、解决问题的能力、效率和耐力都会得到提高。制订学习计划时，你应该把休息时间视为同等重要的组成部分——这正是你的大脑强化所有学习内容的时间。

3. 使用休息时间的最佳方法

以下是如何最佳利用休息时间的方法：

* 根据任务的不同，大约每50分钟到90分钟休息一次。更费力或强度更大的任务会更快让你感到疲惫不堪。不过，你不必时刻盯着时钟，如果你真的感到疲劳，发现大脑一片混乱，那就休息一下。同样，如果你正处于心流之中，感觉良好且能集中注意力，那么就可以继续做下去。

* 每次学习之间休息15到20分钟。如果休息时间太长，你可能会发现自己很难再次进入学习状态，但若时间太短，你就没有得到充分的休息。不同的理论对休息频率和长度有不同的指导原则。例如，番茄工作法建议每25分钟的活动后休息5分钟，4次25分钟的活动后休息15分钟。

* 你可以尝试最适合自己方法——你可能需要根据所学的学科调整你的方法，或者在你感觉累了或身体不舒服的时候多休息一会。然而，作为一个经验法则，最好避免休息时间超过90分钟，因为很少有人能够在这个时长后继续保持有效的注意力水平。但每个人的情况都不一样，所以要注意你的休息时间表是否适合你自己，并根据需要进行调整。

让大脑中的学习思考彻底停下来，可以使你的休息时间得到最好的利用。站起来，伸个懒腰，做个深呼吸，活动一下身体。给自己弄点喝的或吃的，和朋友聊聊天，或者做些让自己愉快的事情。你也可以小睡一会儿，或者花点时间在户外冥想或放松。也可以去下洗手间，做一些放松的眼保健操，或者看一些搞笑的视频或听听音乐，这些都可以帮助你暂时中断大脑中的学习。还可以在你家周围散散步，或快速做些整理，做点家务，或舒舒服服地泡个澡。总之，远离屏幕、笔记本电脑和手机是个不错的主意。

可能对于勤奋的学生来说，最大的障碍是能否在这段时间得到真正的休息。如果你还在想着你的学习，或还在因为学习而感觉到压力，那么这样的"休息"是没有意义的。你可能需要练习，才能在休息的时候消除罪恶感，但是请不要让任何事情打扰你的休息时间。你不应该在休息的时候一直盯着钟表，或者因为没有做任何有用的事情而觉得焦虑。如果你注意到，休息时有任何干扰性的想法或担忧突然出现，你可以把它们写下来，放在一边，并告诉自己以后会有时间解决这些问题——但不是现在。如果你独自一人度过休息时间，并且让家里的其他人知道你在休息，这样你就不会被打扰或打断。

本章要点：

- 无论你想通过哪种测试或考试，准备都是关键。你需要一个可靠的学习策略来帮助你保持专注和有效学习。

- 第一步是获悉考试日期，确定你需要开始备考的确切时间，越早越好。尽早开始将使你有时间寻求帮助，有时间复习和完成模拟考试，还有时间处理那些"难啃的骨头"。理想情况下你应该在上课的第一天就开始"备考"，但至少要确保在考试前一个月左右开始积极准备考试。

- 优秀的学生每一天每一周都坚持良好的学习习惯。这包括找到一个合适的、有良好照明和舒适座位的学习地点，制订例行的学习日程，且学习开始和结束时都做了复习安排。保持学习日程有条理，并不断评估学习计划，以便在学习过程中进行微调。

- 虽然没有足够的依据支撑有关学习风格的理论，但当涉及视觉、听觉、读写或动觉形式时，你可能会有你的偏好。一个很好的办法是混合多种学习风格，并借助多媒体手段来获得更全方位的理解。

- 提前创建一份考试清单，这样你就能在考试当天带上你所需要的一切，并反复确认所有细节，如地点、日期和时间。你准备得越充分，你的压力就越小。

- 最后，每个学习计划都应该留出适当的休息时间。可以尝试拉伸、小睡、散步、吃点心或喝饮料、社交、兴趣爱好，或者只是安静地让你的大脑休息和恢复。可以根据任务难度，每隔50到90分钟休息一次，每次休息15分钟左右。番茄工作法是每25分钟的活动后，休息5分钟，每4次活动后有15分钟的休息时间。

第二章 ▶▶▶
有效的学习方法

一、莱特纳体系法

"间隔重复"是一种学习方法,有大量研究支持它在提高记忆力方面的有效性。这个方法是每隔一段时间复习一些内容,而不是一次性复习所有的。正是这种重复有助于更有效地提高记忆力。

1. 莱特纳体系法含义

莱特纳体系法是由德国科学记者塞巴斯蒂安·莱特纳开发的一种方法,它通过系统地使用抽认卡和盒子来练习间隔重复。每张卡片都是从一号盒子开始的。依次尝试每张卡片,如果答对了,就把卡片移到下一个盒子。如果答错了,卡片就被放回到原来的盒子。

每个盒子决定了你对每组卡片的学习计划,类似于下面的时间表：

- 每天一次——一号盒子

- 每两天一次——二号盒子

- 每四天一次——三号盒子

- 每九天一次——四号盒子

- 每十四天一次——五号盒子

随着时间的推移，你会注意到，你实际上是在按问题或概念的难度进行分类，你会在一号盒子中例行操练更具挑战性的问题，而在后面盒子中较简单的问题上花费相对较少的时间。这个过程设计得很精妙，可以让你根据真正的需求来确认你的重点（也就是说，不会重复你已经觉得很容易的问题，而避免落下那些你觉得很难的问题）。

2. 莱特纳体系法的价值

这个方法还能帮助你获得一种进步感：当所有的卡片都被移到五号盒子时，你可能已经学得足够好了，不用继续练习了。使用莱特纳体系法（和其他间隔重复技术）的时候，你在练习真正重要的能力——回忆的能力。训练你的大脑反复进入它的记忆库，一次又一次地提取存储的信息，直到这一过程变得越来越熟练也越来越容易。莱特纳体系法在一开始会让人觉得很有挑战性，但从长远来看，它实际上能帮你节省很多时间，因为它会优先关注那些尚未完全记住的内容。你不仅练习了间隔重复，还增加了较简单问题的间隔长度，同时也更频繁地练习了那些对你来说有困难的问题——也就是说，你得到了为你量身打造的间隔重复练习。

那么这个体系可以用来做什么？简而言之，可以帮助你记忆任何你需要记忆的东西，只要你可以将它们的内容提炼到一系列的抽认卡中。例如，你需要记住的那些难懂的新术语或事实。这个方法对于学习第二语言中的新词汇尤其好用，事实上，现在流行的语言学习应用程序多邻国的设计就基于此方法。你可以发挥创意，使用包含图片、符号或首字母缩略词的抽认卡作为提示，帮助你记忆相关信息。

3. 如何使用莱特纳体系法

如何借助这个方法来学习，这取决于你自己。现在有很多免费和付费的在线工具，可以让这个过程变得更快也更容易。但如果你想用纸、笔和盒子来练习，这也没有问题啊！首先，根据你的需要，制作尽可能多的抽认卡，涵盖你最近新学的术语或事实——每张卡片上只放一个知识点。接下来，决定你需要多少个"盒子"。如果数据量很大也很复杂，你可以使用原定的五个盒子，但你也可以只用三个，特别是如果你对知识点的掌握程度没有太大差异的话。然后你需要决定每个盒子的学习周期，也就是每个盒子的学习频率（你可以参考之前的例子，如果愿意，你也可以调整）。

这种方法还有一种相当快捷和简化的版本：简化为两堆卡片——如果你答对了一张卡片，你就可以把卡片扔掉。但如果回答不正确，卡片就会被保留，并被放在一堆卡片的最下面。下次你还会抽到它，直到你记住它后才能把它扔掉。当你扔完所有的卡片，一张都不剩时，你就可以停止学习了！

使用这种方法的最大的好处是，你实际上可以知道自己何时在进步。你的学习有了方向，因为你可以看到你的卡片逐渐从第一个盒子转移到最后一个盒子。你可能会注意到，每重复一张棘手的卡片，你的记忆力就会增强，直到你能过目不忘。很少有学习方法能给你如此清晰直接的反馈，并让你体会到进步的感觉。

当你练习莱特纳体系法时要特别注意，要确保给自己提供了最好的机会切实提高了自己的记忆力。对你自认为有把握的卡片，千万不要掉以轻心——除非你能准确快速地背出正确的信息，否则谨慎起见，请将卡片收回而不是丢弃它。

此外，尽管你可能觉得很有信心，对那些进入五号盒子的术语已经相当熟悉，但这并不意味着你已经掌握了它们。

你也可以使用其他的记忆方法，来确保万无一失。最后，不要试图将这种方法强行用于记忆那些并不适用的学习内容。这个方法最适用于记忆那些实际上仅需要你记住的离散信息——如果你需要在更深的层次上掌握和理解它们，可以尝试使用其他的方法。

二、信息提取练习

让我们来看一下，我们最应该练习的能力——回忆和信息提取的能力。这听起似乎是显而易见的，然而许多教育惯例会让学生练习一些实际上并不能提高他们考试成绩的内容，例如，做笔记或在教科书中寻找答案。你变得善于"学习"，但却不善于坐下来把你能记住的信息写在答卷纸上。

1. 信息提取练习对每个人都适用

制订学习计划时，尽量安排更多的信息提取练习（信息提取练习指在学习之后对所学材料进行自由回忆的过程）或间隔重复练习。是的，你将不得不自己做学习总结并制作学习材料，诸如抽认卡之类的，但你的大部分学习应该聚焦于反复地训练你的记忆肌肉，直到你成为关键时刻能准确回忆起所需信息的高手。你需要保持警惕的是：做抽认卡和间隔重复练习时，要避免你以为自己知道答案就迅速翻到下一张卡片。重复最多的卡片就是你要学习的卡片——所以要尽可能多地重复，在没有线索或提示的情况下完整而准确地回忆信息。

贝蒂尔森和他的同事在《心理学学习和教学》杂志上发表的一项 2020 年的研究发现，信息提取练习对所有学生都同样有效，无论他们的记忆力或个性差异如何。因此，如果你认为这种学习方式对你不起作用，那就请记住——它对所有学生都同样有效。

2. 练习信息提取时的方法与规则

那么想在学习计划中加入更多的信息提取练习，有哪些好方法呢？我们已经知道了模拟考试的价值，当我们尽可能逼真地营造考试情境时，模拟考试的效果是最好的，我们已经看到了莱特纳体系法是如何发挥作用以及为什么能发挥作用——练习的前提是我们勤奋且诚恳！

如何加入更多的信息提取练习的方式，请发挥你的想象力。这取决于你的学习水平、学科和喜好。只要记住几条规则：

• 你自己准备的学习材料和问题会比别人提供的更有价值。做你自己的老师，设计自己的问题和提示，自己做标注，并给自己反馈。更好的办法是，在一个学习小组中与其他学生共同做这些事情，并轮流标注以及检查小组中所提出问题的答案。当你把这些记忆细节与一起学习的人、学习过程等联系在一起时，你更有可能记住它们。

- 关注自己错误原因。尽量避免错误的信息提取练习！如果你做错了，立即停止并纠正它，然后再重新练习。当你犯错时，专注于向自己解释你为什么会犯错。

- 保持信息提取形式的多样性。改变寻找答案、获取提示和线索的形式，这样你就可以熟悉不同形式的信息提取练习。因此，你可能会学习不同解剖部位的名称和书面定义，也可以使用带有空白标签的图表来练习填空，甚至可以尝试自己单独绘制，这样你记住的不仅仅是文字信息，还有视觉信息。你还可以练习自己大声解说，编写演示文稿，讲故事，绘制地图或图表，或者做一个快速总结。

三、模拟考试

说到学习，模拟考试就像金子一样珍贵。然而，却有许多学生讨厌它们！

1. 模拟考试的意义

尽管坐下来完成两个小时的模拟考试看起来很辛苦，但实际上你从这两个小时中获得的价值远远大于你花四个小时无所事事地阅读无关紧要的笔记。

要想在某件事情上做得更好，最好的办法就是不断练习。学习过程中，我们可能会不经意地教会自己做笔记、阅读和背诵，但我们是否清楚地了解该如何考试呢？模拟考试无疑是训练自己通过考试的最好方法之一。但也有更为实际的好处，如果你有足够的时间进行大量的练习，坐下来在几个小时内完成考试，那么考试当天你就不会那么疲惫和不知所措了。如果你几个月来第一次参加考试，那就像从来没有一次慢跑超过 10 分钟但却试图跑马拉松一样困难。

实践出真知，但重要的是你练习什么。你可以针对过去的试卷和模拟考试来进行练习。首先要做的是放松——我们中的大多数人在考试的情况下都会紧张，感到有压力。但想象一下，你只是在进行一项事实调查；如果你做错了一些事或遇到了一些困难，那很好——这意味着在真正的考试遇到这种问题之前，你已经抢得先机，成功地把它们揪了出来，并可以提前为此做好准备。

2. 如何充分利用模拟考试

尽可能多地收集过去的试卷或模拟考试，并把它们作为你练习考试的重要组成部分。事实上你可以从一份试卷开始，试着发现哪些是你需要重点关注的地方。一旦确定了你的知识差距，你就可以相应地计划你的学习时间表，在必要的地方给予更多的关注。

当你进行模拟考试时，你不仅仅是在测试你回忆信息的能力或展示你的理解能力。你也在问自己以下问题：

- 试卷的编排方式有什么特别或特殊之处吗？

- 不同题型所占的分数比例是多少？这说明了我需要关注的学习任务是什么？

- 在估算时间方面，我有什么不好的习惯或盲点吗？我怎样才能在今后的考试中注意这些？

考试前一天，你可能想试着再做一次模拟考试，并将你在这次测试中的表现与你第一次测试中的表现进行比较。如果结果显示你成绩有所提升，这将有助于平息任何紧张不安的情绪。或者，你可以在复习完每一部分后做一次模拟考试来巩固你的所学。这能让你感觉到自己在不断进步，知识也不断得到累积，这又一次能帮助你消除紧张情绪。

当然也有一些错误使用模拟考试的做法。首先，你的注意力不应该放在你所取得的成绩上，而应该放在你为什么会取得这样的成绩——在某种程度上，模拟考试的真正价值在于你如何处理你的错误答案。不用评价成绩好坏，只是来看下你理解错了什么，忘记了什么，或者做错了什么，以及为什么会做错。然后，最重要的是，制订一个具体的行动计划来解决这些问题。如果你忘记了关键细节，那你需要做更多的记忆练习。如果你错误理解了问题，你需要改进你的策略，并注意在今后的问题中避免同样的错误。看看你所犯的错误，做你自己的老师，决定如何纠正这些情况。之后再做一次测试，看看你的改善措施是否奏效。

为了确保你从模拟考试中受益更多，你需要尽可能地模拟真实的考试环境。让自己坐在书桌前，不要分心，给自己适当的时间限制——不要作弊！如果你重现一次完整的考试经历，你不仅可以发现自己在知识上的差距，还可以发现你在考试策略上存在的问题。例如，你可能会发现自己在时间把控方面有问题，或者作文写了太多。嗯，这些发现对你来说都是宝贵的财富啊！模拟考试可能会提醒你要在桌上放一块表，或者让你更多地练习写作提纲，以磨炼出更简洁的写作风格。

3. 要正确对待模拟考试

学生通常不喜欢模拟考试，因为他们不喜欢这种压力，或者不喜欢被打分或答不出问题的那种感觉。但是学会学习是学生可培养的最有价值的可迁移技能之一。从错误中学习无疑是最奏效的能力提升方式，虽然这样的学习过程有些许痛苦。考虑另一种可能的情况：如果你从不参加模拟考试，你可能也同样在努力学习，但这样一来，你永远不会清楚自己的优势和劣势，然后在正式的考试时被抓个正着，这时你才发现你掌握的知识远没有你想象的那么多。

相反，要尽早地、经常性地测试自己，并对自己的表现进行评估，以确保你不会再犯同样的错误。完成测试后尽快给自己反馈并进行纠正，体验一下掌控学习过程的感觉有多棒。让你在你自己的时间里出错……而不是在考试那天！

四、使用图表

无论你的学习风格或偏好是什么，使用各种图表来梳理你的学习内容并帮助你更好地记住要点，你可能可以学得更好。所谓的视觉辅助工具有几个功能：可以帮你总结较长的信息，在复习时帮助唤起记忆，让记忆变得更容易。

1. 使用属于你自己的图表

正如你可能猜到的，不是所有的图表都是有效的。最好的流程图和图表是你自己主动编制的。如果一些图表对你来说毫无用处，或者它们是别人根据自己认为重要的东西编制的，那么收集一堆漂亮的图表是没有意义的。相反，你肯定希望你的视觉辅助工具是从你自己独特的学习过程自发产生出来的，这样它们才能对你的学习起到真正的作用。

一个真正有用的方法是使用图表来帮助你巩固你已经知道的知识，并识别你还不知道的知识。在开始学习新的章节之前，暂停一下，在一张纸上画下目前你对下一章节的所有记忆和理解。这是一个很好的信息提取练习，它也揭示了你学习计划中的重点所在。

2. 流程图

当你根据你的计划阅读学习资料时，你的想法是不断巩固所接收的内容，并把这些信息"储存"在你的记忆中，以便以后可以再次提取（例如，在考试中）。你总是希望可以提炼和总结学习中最重要的方面，然后以一种最容易快速记忆的形式来展示它。而这就是流程图等视觉辅助工具的用武之地。

让我们重点关注一下流程图，当你想描述任何过程时，特别是遇到过程中的每个阶段都会随着所做的决定或采取的行动而发生变化时，流程图是最好的选择。工程师弗兰克·吉尔布雷斯被认为是二十世纪20年代第一个使用流程图的人，他有自己的符号系统：

拉长的圆圈＝一个过程的开始或结束

矩形＝动作或指令

菱形＝决策点

虽然流程图在商业或工业生产中最常用于判别瓶颈或损耗，但学生也可以使用它们来按顺序记忆流程的各个阶段，遵从"如果——那么"的条件关系进行分析。有时你会遇到一个复杂或庞大的流程，当你把它总结到一页纸上时，它会变得更加清晰。例如，统计学专业的学生可以通过使用或创建自己的流程图来总结选择合适的统计测试的过程。第一个决策框询问，数据是连续的、离散的或分类的？如果是连续的，箭头会指向另一个决策框——你研究的问题是关于群体差异还是关系差异？诸如此类。

当然，流程图只是图表的一种。你可以使用维恩图来说明概念之间的重叠和关系，或者使用简化的标记图来显示整体中各部分的相对位置及其功能（例如，想象一个显示光合作用如何工作的简化示意图）。

3. 网络图

网络图可以显示网络不同部分之间的联系和因果关系。例如，如果你要规划水循环的各个阶段或说明某个特定生态系统中的物种如何相互作用，你可以使用带有多个节点和不同箭头的网络图来表示这种相互作用。组织图通常用在商业领域，以显示雇员的等级，但是你也可以在学习中使用它，例如，如果你试图描绘一个有几层组织的过程或结构。即使是简单的表格、饼状图或曲线图也能帮助你快速简单地传达复杂的想法。

4. 制作什么样的图表

然而，当你在学习笔记中加入图表时，要记住让图表为学习内容服务，而不是选择一种图表风格并试图强行加入内容。如果你用了一个图表类型，它与你所要呈现的信息并不匹配，这不会让事情变得更清楚，反而会变得更复杂，更让人难以理解。此外，试图"转换"实际上不适合该图表的信息，也是一种浪费时间。

相反，更好的办法是，让图表自然而然地从你的学习资料中浮现出来。询问这张图表是否真正提升或增进了我的理解？如果答案是否定的，那就放弃这个图表，因为它只会是一种干扰。如果你的"图表"只不过是教科书空白处的随意涂鸦，那也无所谓，只要它能帮助你更好地获取关键信息，让你对大局有更深层的理解，那么它就是一个好图表。

如果可以，制作属于你自己的图表，而不是从老师、互联网或同学那里获取。试着开始制作你自己的图表。例如，如果你试图了解光合作用的过程，你可以从阅读书中的一些段落开始，这些段落都有自己的图示。在阅读的同时，你可以在纸上画出自己的简化过程，只包括最简单的关键词和符号。你甚至可以使用一些有用的助记法或小漫画或图画来帮助你记住重要的信息。

现在，当你合上书本，你可以用你制作的草图作为提示，并尝试通过草图提示背诵相关的步骤。最后，拿出一张新的纸，看看你是否能根据记忆重新画出同样的图表，按照你记得的步骤大声向自己阐述。完成后，结合自己的表现，试图找出遗漏的地方，这样你就可以修正这些问题，然后再重复一遍这样的过程。如你所见，帮助你学习的不是图表本身，而是你的大脑对该图表的构建及信息提取。如果你只是从一本教科书上复印了一张枯燥的光合作用图，并通读了一遍，你所获得的学习效果是完全不一样的。

五、练习自信

你是那种疯狂学习，然后在考试当天因为紧张而失利的人吗？或者你是那种事后才发现自己其实是知道答案的人吗？在考试中取得好成绩的关键在于熟悉考试并做好准备，同时，自信也很重要。

1. 树立自信心态

幸运的是，自信是一种可以学习的技能，而不是一种虚无缥缈的感觉。如何在考试过程中学会变得更加自信？这取决于你如何看待失败。自信的应试者享受着学习的过程，但不执着于好成绩。当你对自己有信心时，你会明白出现错误是正常的——事实上，出错是真正学习中不可避免的必要组成部分。具有讽刺意味的是，自信的应试者并不关注考试本身，因为他们知道最重要的是不断学习并逐步提升的过程。目标是进步，而不是完美。

这种自信心态的根源，在于能冷静积极地对待你的学习和心理状况。对你而言，没有什么能比掌控生活并提前制订计划，助力你实现目标更重要，更能战胜焦虑和压力了。做好充足的准备有助于平息紧张情绪，因为具体的证据将表明你确实已经随着时间的推移而有所进步，并且你很确信这一点。当你积极主动时，你会尽你所能掌控考试过程并承担你的责任。你会注意自己的身体健康和生活方式（稍后会有更多介绍），你会花充足的时间去学习，也会给自己留足时间赶到考场。

2. 如何保持自信

你加入学习小组，和你的老师沟通，寻找学习资源，如果你需要帮助，你就寻求帮助。自己做笔记，全身心地投入学习中，遇到困难不退缩。通过所有这些努力，你基本上可以对自己说："我已经做了我能做的一切，对此我感觉很好。剩下的就不是我能决定的了。"正是这一点让你对自己充满信心，可以轻松地步入考场。通常，缺乏自信，缺乏自尊，或者对考试感到焦虑，实际上都是因为缺乏策略，或从内心深处意识到我们本应该做更多的准备。

这是否意味着你永远不会失败或答错题目呢？当然不是。但是一个自信的应试者是一个拥有成长型思维模式的人，而不是固定型思维模式。成长型思维模式是这样一种态度：成长总是可能发生的，作为一名学生，你总是在学习、发展和改变。固定型思维模式是一种无意识的信念，认为你就是你，不能指望你会改变。

因此，当拥有固定型思维模式的人失败时，他们认为这证明他们自己是失败者，而且永远都是（那么尝试有什么意义呢，对吗?）。另外，具有成长型思维模式的人将失败视为学习过程中正常甚至是令人愉快的一部分。他们不认为错误是可以避免的，也不会觉得尴尬或不愉快。他们只是学习他们能学习的，然后继续前进，知道他们的自我价值是完整的，无论输或是赢。自然，那些拥有成长型思维模式的人更有可能坚持下去——他们的成功是一个自我实现的预言。

一旦你致力于培养自己的成长型思维模式，并愿意与失败一路同行，你可能仍然会感到一些紧张——这是正常的！但这种自我肯定，对你是有帮助的。

3. 积极的自我肯定

现在，这种自我肯定不是一厢情愿的想法或盲目的自我吹捧。相反，重复积极的自我肯定可以帮助你建立正确的心态。把它们看作是一种对抗任何可能自动出现的消极自我对话的方式。这种自我肯定会温和地把你带回到积极的方面：

"我很勤奋。"

"我有能力取得好成绩。"

"我在努力学习，我能理解这些学习资料。"

"我喜欢学习过程中的挑战。"

"我正在尽全力。"

"我是个好学生。"

"我很自律。"

研究表明，重复积极的自我肯定事实上可以安抚情绪，增强信心，提高你获得积极结果的可能性。当你感到焦虑开始上升时，重复对自我的肯定，慢慢地深呼吸，你可以随心所欲地选择自我肯定的用语，但最好用简单的词语，使用第一人称（用"我"）和现在时态来表述。你可以借用你在其他地方找来的语句，但前提是这些语句真的能引起你的共鸣，能让你感到积极乐观并充满活力——如果你发现有的表达很俗气或没有说服力，那就忽略它，换一个吧！

4. 消除消极心态

你不必过于夸张或不切实际（"我是完美的，我会以优异的成绩通过每一次考试"），但只需轻轻地将你的认知重塑得更积极一点就好。如果你不确定从哪里开始，那么就从你自己身上发现的任何现存的消极的自我对话开始，并对其进行调整。潜移默化地鼓励自己关注解决方案而不是问题本身，关注当下的机会而不是过去的遗憾。所以，"我总是觉得数学很难"可以变成"我总是能关注并改进我的弱点"或者"我正在通过练习慢慢提高数学"。与其说是"我把这个问题搞砸了"，不如把注意力转移到"我的错误是什么？

我为什么会犯这样的错误？我能从这个错误中学到什么？"。

至少，当你感觉有压力或感到不自信时，试着把目光放长远，提醒自己，这场考试无论你考得有多差，都不是世界末日。提醒自己，你还有很多其他的优点，生活中有很多值得感激和期待的东西，即使你现在学习上遇到困难，这种困难也都会过去的。

最重要的是，试着去体会：失败不会以任何方式定义你或降低你的价值。如果你能做到这一点，你就不会再受到恐惧或焦虑的负面影响，而可以简单地专注于做到你能做得最好的一面……这是我们每个人都能做到的。

自信就像其他任何技能一样，需要练习。给自己一点时间来驾驭自己对考试的信心，你会看到回报的。

六、睡前学习

我们已经知道，休息是学习过程中不可忽视的一部分，但睡眠呢？

1. 睡前学习的好处

睡眠对于最佳的大脑功能和长期记忆的正确形成至关重要。事实上，我们的大脑正是在睡眠时间处理和"消化"醒着时学到的东西——减少睡眠时间，你就剥夺了大脑的这个机会。神奇的是，正是因为这个原因，晚上睡觉前学习实际上可能会提高你的记忆力。斯科特·凯尔内是英国约克大学的一名研究人员，他发现睡眠是大脑提炼和储存新记忆的时间，以确保记忆的信息在以后更容易被提取。

拉夫堡大学的一个研究小组同样发现，一组参与者在前一天晚上学习并在第二天早上回忆这些内容时，与在同一天早上学习并回忆相比，他们在一系列文字和算术问题上表现得更好。这表明，对于在晚上进行强化巩固的学习内容，你能更牢固地记住，并能更好地回想起来。

2. 睡前学习不会影响睡眠吗？

你可能在想，睡觉前进行紧张的学习是否真的是一个好主意——你不会累吗？睡前有如此活跃的思维活动，不会影响你的睡眠质量吗？是的，我们都知道，睡眠的数量和质量对大脑健康和大脑功能有着巨大的影响，所以这是一个关于如何平衡的问题。睡前进行一些复习或间隔重复练习是个好主意，但是要避免在晚上太晚的时候开始记忆任何新的或难度特别高的内容——你很可能会因为太累而效率低下。

3. 如何进行睡前学习

试试莱特纳体系法或其他间隔重复练习，或者干脆在上床睡觉前把一些关键事实记在脑子里。然后，下一步很重要：确保当你醒来时，你立即对那些睡前记忆的内容进行回想，以巩固和加强那些神经连接。你可能会惊讶于这方法是多么有效！

记忆基本上分为三个阶段——获取、巩固和回忆。把你清醒的时间花在获取和创建学习内容上，然后在睡前以巩固的方式结束学习，在这个过程中，你要记忆某些事实或要点。第二天上午，在你开始新一天的学习之前，先练习回忆昨晚睡前记忆的内容。有些学生把简单的抽认卡放在床边，或者把公式或要点贴在卧室的天花板上，这样他们在晚上闭上眼睛前和早上睁开眼睛时就能看到它们。这种方法的好处在于，你的大脑会在你睡觉时为你工作，不需要额外的努力——关键是要算准时间！

最后值得一提的是，良好的睡眠能带来总体的价值。几个简单的改变就能带来巨大的变化。每天在相同的时间睡觉和醒来，避免睡前暴饮暴食或过度刺激，中午后减少咖啡因摄入。确保你的卧室是一个真正的睡眠天堂，安静、舒适、黑暗，无论你做什么，不要在卧室里放任何发光的屏幕。如果你喜欢的话，每天睡前的例行公事可以帮助你放松下来——可以考虑采取冥想、自我肯定、写日记、安静阅读，甚至祈祷的方式。

本章要点:

- 大量研究表明，对巩固记忆和提高认知表现最有效的方式是信息提取练习，即练习记忆并回想新学的信息。最好是你自己制作适合你的复习资料，密切关注自己错的地方而不是对的地方。

- 莱特纳体系法是一种高效练习间隔重复的方法，可以用来增强记忆力。制作一个系列的抽认卡，回答正确的卡片被移到下一个盒子里（共五个盒子），回答错误的卡片都留在当前盒子里。这可以确保你会重复练习对你来说有难度的卡片。当所有的卡片都移到最后一个盒子时，整个练习过程就完成了。

- 研究也论证了使用过去的试卷和进行模拟考试的作用，因为通过这些可以训练你可以遇到考试中实际会出现的问题。也可以帮助你注意试卷出题习惯、分数分配以及你考试时的任何坏习惯。尽可能地模拟实际的考试情境，并采取具体措施来解决你所犯的错误。

- 图表或流程图（尤其是你自己创建的）等视觉辅助工具是总结和呈现学习内容的好方法。你可以使用视觉辅助工具来发现你的知识差距，进行复习或进行自测——但只有当它们真正有助于你的理解时才使用它们。

- 考试的心理状态很重要。自信是一种习得的技能，你可以通过采取积极主动的心态和改变对失败的态度来培养自信。培养一种成长型思维模式，做好准备，尽早采取行动，尝试用自我肯定来平复你的紧张情绪。

- 最后，睡眠可以帮助巩固记忆：晚上睡觉前复习，第二天早上尝试回忆睡前复习的内容，这将增强你的记忆。

考

试

中

第三章 ❯❯❯

掌握考试策略

一、记忆倾卸

好了，放松点吧。你已经尽力复习了，现在你需要一个策略来应对考试本身。当你走进考场的时候，你可能会觉得你的脑袋就像一个装满水的罐子，任何突然的晃动都会导致所有的东西从罐子里溅出来，然后永远消失！

1. 记忆倾卸的好处

如果你一直在努力学习，你的记忆力一直加班加点在你的脑子里记了很多东西。"记忆倾卸"可以缓解你必须记住无数细节和客观知识的紧张感。当你坐下来开始考试，立即写下你能记住的关于此次考试的所有信息——本质上是把它们从你的大脑中"倾卸"出来，所以你不再需要努力去记住它们。如果你担心在考试过程中会突然"失忆"，忘记那些科学或数学公式、特殊日期、代码、列表、首字母缩写词或术语等，这个方法就特别管用。这可能感觉有点像作弊，但如果你在考试前快速背诵和记忆了一个化学方程式，然后在拿到试卷的那一刻快速把它写下来，你就不用担心你会忘记它了。

有时候，在回答其他不相关的问题时，你很容易忘记那些你已经记住的信息。"记忆倾卸"可以帮助你一次性记住这些信息，并把它们储存起来以备你之后所需。如果考试是作文形式，你需要提前构思，这个办法就能帮到你，让你在忘记一些关键细节之前，用你能记得的关于这个话题的所有东西快速勾画出一个写作提纲。

2. 如何正确运用"记忆倾卸"法

获得更好的记忆力并不是"记忆倾卸"的唯一好处。当你倾卸所有这些记忆时，你也释放了相应的紧张和焦虑。把这些信息写在考卷上，除非考试时用得上，否则你根本不用管它们，这样你的大脑可以自由地专注于其他难题。你可以整理思路，用关键要点、快速草图、图表或思维导图把相关信息写在考卷上。一些关键的短语或插图也可以——只要能唤起你的记忆就好。

即使在你乱七八糟地写下所有信息的时候，你的大脑也在忙着梳理并理解它们。如果随后你开始阅读考试题目，也会让你想起之前写下的某个信息，并且能快速找到它。只要你开始写，你可能会发现书写本身就能帮助你记住更多东西。速战速决，不要担心一开始会混乱，把你能想到的一切都写在考卷上。你所花的这五分钟，很可能在考试过程中会为你赢得更多的分数。

友情提示：记下你觉得有困难的问题，做好标注之后晚点再来回答。你可能会在后面的问题中发现之前缺失信息的线索，或者在回答不同的问题时，你会想起之前忘记的内容。当你遇到知识缺口时，只需要记下它，然后继续答题……随着时间的推移，答案可能会变得逐渐清晰。

二、交通灯系统

如果你很容易被困难的问题卡住，并且没有时间完成那些你知道答案的问题，那么你可能会想试试这个交通灯系统来让自己保持专注。当你在考试初始完成"记忆倾卸"后，请花点时间通读试卷，就可以开始制定策略，争取在给定时间内完成所有试题。

你要把所有试题分为绿灯、黄灯或红灯问题：

1. 绿灯问题

这些问题你可以立马处理，因为它们一点都不复杂——尽管它们不一定是简单的问题。对于问题你要么知道答案，要么不知道答案。如果你不知道答案，你再仔细思考也没有意义。例如，题目可能会问你历史上的某个特定日期——你要么记得确切的日期，要么不记得。这不是一个越琢磨就会变得越容易的问题。因此，你的策略是显而易见的：如果你能回答，就回答；如果不能回答，就做好标注，继续回答其他问题。如果你在不能回答的绿灯问题上被卡住了，你这是在坑自己，因为你浪费了宝贵的时间，而这些时间本可以用在其他地方赢得分数。

2. 黄灯问题

黄灯是让你减速慢行。黄灯问题和绿灯问题类似，你要么知道答案，要么不知道答案，但它们会更复杂一些，因为通常它们是由几个小问题组成的复合问题。例如，这类题通常包含几个"小"问题，每个问题给 5 分或 10 分。你针对这类问题的策略和绿灯问题一样：立即回答或者继续回答其他问题。但是，对于黄灯问题，不要太过于着急，你需要额外关注一些细节。

3. 红灯问题

红色意味着停止。对于这类问题，你必须做得更多，而不是简单地回忆一个信息或几个信息并对它们进行简单的汇总。在红灯问题中，你需要积极运用知识，用你自己的洞察力和理解力来展现批判性思维。你需要知道的信息可能和回答绿灯问题的相似，但你需要证明你能做的不仅仅是鹦鹉学舌式的重复这些信息。根据红灯问题的定义，你不会也不可能已经知道这个问题的答案——相反，这个答案是你必须在考试过程中摸索出来的。你需要把你的全部注意力和脑力放在这些问题上，而不是跳过它们。

当然，你也需要看一下分数分配情况。假设选择题占50%的分数（通常是绿灯或黄灯问题），阅读理解题和简答题占25%的分数（黄灯问题），作文占25%的分数（红灯问题）。通常的建议是从最困难的问题开始，但这可能是一个陷阱。相反的做法，就是从更有把握的能获得最多分数的绿灯问题开始，也就是从选择题开始。然而，如果作文题占总分的50%，那么从作文开始就是有意义的，因为虽然它很具有挑战性，但是它在分数上的价值最高。

三、监控和管理时间

可能你会感觉不公平，但考试的时间限制是一个大问题，如果不能合理安排可用时间，即使是准备最充分的学生也可能会因此影响成绩。时间管理是一个小技巧，它可以大大降低你的压力水平，让你更加自信，更好地掌控考试过程，从而提高你的考试成绩。如果你在考试前花了足够的时间练习计时试卷，那么你已经对保持理想的考试节奏有了很好的认识（你也可以理解为何模拟考试时保证时间精确的重要性！）。另外，一定要戴一块手表，这样你可以在考试时方便查看时间。

考试时管理好时间，需要你提前规划并有意识地观察你在考试时的表现。你清楚地知道自己总共有多少考试时间。无论如何，每次考试开始时都要给自己至少 5 分钟的时间来浏览所有内容，并确认分数如何分配。接下来，为每个主要部分投入的时间做一个大致的估算。同样，每次考试后，你会更清楚你需要多少时间来完成不同的题型。

许多试卷的正面都有清晰的题号和分数明细。花几分钟时间估算一下你将如何分配你的时间，并确保你严格遵守这一时间分配。这很简单——例如，如果一篇作文占总分的

50%，那么它就应该占用你50%的时间。

另一个快速计算你有多少时间的方法是将总分与可用时间相除。所以如果你参加一个三小时的考试（180分钟），你需要在这段时间内获得200分，那么你需要不到一分钟的时间来获得每一分。如果未能坚持做到这一点，你可能很快就会耗尽时间。先做那些你熟悉的容易的问题，然后可以利用节省下来的时间来处理更有挑战性的问题。养成一个习惯，每做完几道题就迅速看一眼手表，如果你超时了，就要对自己狠一点——强迫自己放弃这道题，开始做下一道，否则你可能在考试结束时还在争分夺秒地答题！

另外，提前离开考场通常也不是一个好主意。如果你发现你有剩余的时间，请利用它来通读你的答案，如果你想到其他的观点，可以增加一些额外的补充。仔细检查所有内容，从拼写到单位，再到你可能忘记写的小细节。如果你比其他人都早完成，可能是有原因的，所以要仔细研究问题和你的答案，确保你没有遗漏任何重要内容。

四、阅读所有选项

许多学生在开始回答问题时，都会犯一个巨大的错误——他们还没有好好读完题，就心急火燎地开始回答问题了。当神经高度紧张时，很容易回答跑题。任何老师或考官都会告诉你，这是学生最终丢分的首要原因，很可惜，因为学生往往知道正确的答案，只是错过了在关键时刻展示的机会。

任何考试中，都要记住一个好用的口诀，那就是BRAVO：

● 呼吸（Breathe）——首先，深呼吸，让自己放松，让你的心率下降。放慢你的思想，集中注意力。

● 审题（Review）——至少先通读一遍整个试卷，在尝试作答之前，再把每个问题读几遍。放慢速度，针对每道题，找到那些能告诉你隐藏信息的关键词。

● 回答（Answer）——只有在读完题目之后，才开始答题，也许可以使用之前提到的交通灯系统。

● 核实（Verify）——完成每个问题和每类题型后，暂停一下核实是否有误。

● 检查（Oversee）——完成整个考试后，交卷前全部检查一遍。

事实上，我们中的许多人跳过了前两个步骤，这两步实际上是最重要的。如果你之前做过很多过去的试卷或特别熟悉学习内容，你有时会下意识地做出假设，一定要特别小心！误读或忽略问题中的一个关键词可能会完全改变问题的意思。说实话，一些考试就喜欢用这种方式来迷惑学生。考虑答案之前，要非常缓慢地阅读问题，并尽可能地多做分析。然后，试着在不看选项的情况下（如果有选项的话），尝试自己找到答案。

当你看答案选项时，也要慢慢地仔细阅读，注意任何可能让意思模糊的否定词或双重否定词。通常情况下，可以用你自己更简单的语言改写这些选项。例如，"这不是不可能的"可以划掉，改写为"有可能"。这将在一定程度上降低你的理解难度。

五、寻找线索

无论你是否赞成，考试本身是一种技能，与你的学科知识和智力是分开的。你对考试的准备并不总是足以保证你能够获得好成绩。幸运的是，你参加的考试越多，你就越能理解考试的"语言"和惯例，也就越能完善你的考试技巧，赢得更多的分数。所以，你需要讲究考试方法。

1. 如何在选择题中寻找答案线索

如果考试题目有可供选择的答案（例如选择题），不要马上看选项，而是先试着在脑子里回答。这样可以防止你被误导或分心。

如果你读完了问题并猜到了答案，请继续读完答案的选项并排除你确认是错误的答案——但一定要仔细，确保它们真的是错误的。如果有两个选项看起来都是对的，那就想想哪个更好。可以重读一下问题，发现那些考官期待你可以发现的细节。然后仔细阅读剩余的选项（请一定要认真读，不要想当然）。

运用逻辑——如果你只需选择一个正确的选项，而两个选项的意思基本相同，那么你可以排除这两个选项。要特别注意选项中含有双重否定或者问句中含有"两者都""两者都不"等这样的用词，这样你就不会掉入陷阱。你可能需要改写这些句子来帮助理解。

如果注意到选项中有"从不""总是"和"完全"这样的用词，请提高警觉——这往往标志着它是一个错误选项。试着通过找到一个反例来排除这些选项。同样，当你看到"以上所有"的选项，如果你知道其他选项中至少有一个是不正确的，逻辑上你就可以排除它了。对于"以上都不是"的选项，你需要更加谨慎，确保排除了所有其他选项——如果你有一点不确定，就不要选择"以上都不是"。对于"a 和 b 都是"或"a、b 和 c 都是，d 不是"这样的选项，要格外小心谨慎。在这种情况下，要尽可能多地排除错误选项并慢慢厘清逻辑来找到最佳答案。

你往往可以从问题本身的语法中找到线索。例如，如果问题是用过去时提出的，那么用将来时或现在时给出的答案就不太可能是正确的。出于同样的原因，可以通过寻找匹配的写作风格或术语来找到线索。至少要把整个试卷从头到尾看一遍，因为往往从后面的问题，可以找到提示，帮助你回答前面的问题。

还有其他一些有用的提示和技巧：

- 在包含正误的问句中，绝对的陈述通常是错误的。

- 选项中最长的答案往往是正确的。

- 两个答案含义相反时，其中一个通常是正确的。

- 许多答案彼此略有差异时，其中一个通常是正确的。

当你仔细考虑了这些选项，排除了明显的错误选项，但仍有不确定性时，作为最后的撒手锏，你总是可以大胆猜一下——如果剩下两个选项，你至少有百分之五十的机会猜对！

上面提到的这些"秘籍"都和概率有关——不能打包票哦。你自己对试卷的独特感受或者说你的"第六感"，可能可以帮到你更多。看完一张试卷，你可能会对它提问的方式有一种特别的感受，而这种感受能帮助你猜到正确答案。你可能会发现，正确的答案往往是最后一个，或者经常有一个"被你看到"的选项，而这个选项就是为了让你犯错的。这也是为什么多做过去的试卷和练习题如此重要的另一个原因，因为这样可以帮助你培养考试的感觉。

那关于其他题型呢？

2. 如何在作文题中寻找线索

许多学生害怕作文题，但实际上作文是比较容易获得高分的。秘诀就在于熟能生巧，所以要确保考试前完成几次写作练习。通常情况下，关于作文题目会有一些提示，所以尽你所能预测可能的作文题目，然后就这些题目进行写作练习。首先，通读作文题目，挑出任务词/动词，花时间写一个清晰的提纲，包括引言和结论，以及你在每一段中要讨论的要点。

确保在文章的开头就对术语或定义进行阐述或澄清。另外，确保每一个新段落的句首，都是一句主题句，该主题句总结了该段落其余部分所涵盖的内容——并且不要忘记加上能支持这一主张的证据或陈述。一个小窍门是在每个段落后面留几行空行，以便你以后需要添加一些内容。确保整篇文章有流畅的逻辑论证，包含大量的例子、解释或论据。

尽量保持字迹整洁，并且运用简洁的文笔——你不想把考试时间浪费在一堆花里胡哨的废话上吧。注意分数的分配，假设作文的分值是 25 分，请确保你提供了足够的信息可以赢得这 25 分。还要注意时间的分配——例如，如果你写一篇文章需要 30 分钟，那么至少花五分钟写一个写作提纲。

设身处地的从阅卷人角度出发，想象一下他会在哪里给分。尽可能多地写出你所知道的每一个事实是没有意义的——这只会浪费你的时间，而不会为你赢得额外的分数。确保你不是在写想当然的文章或误解出题要求。例如，如果作文题目说的是"比较和对比"两个概念，如果你只写了两个概念的相似之处，而忘记了对比，也就是找到它们的不同之处，那你就会失分。

你可能会看到说明文字，如：

- 描述
- 分析
- 比较
- 评估
- 论证
- 解释

- 阐明

- 概括

- 列举

- 反思

- 讨论

值得花些时间去了解这些词实际上要求你做什么。如果要求你"描述"，那么解释你所知道所了解的是可以的，但如果需要你"论证"，那你则需要构建一个实际的论点来支撑你自己独特的观点或结论。同样，"反思"会需要更多的沉思和深入的个人分析，而"列举"或"阐明"则不需要这样的阐述方式。

如果你一开始就做了"记忆倾卸"，并草拟一个完整的写作提纲（以思维导图或关键要点的形式），则可以帮助你构建一篇流畅的文章。写完后可以稍作休息（至少十分钟），然后再开始校对，这样你能比较容易发现错误。确保你的作文有一个适当的题目，能贴切地反映你的文章所探讨的问题。

最后，这不是一个新建议，但仍然有效：仔细审题，放慢速度，可以把题目分成几个部分。如果你愿意，可以划出动词、指令或任务词汇，这样你就能确切地知道你被要求写的是什么。

六、边阅读边做笔记

不要害怕阅读时做笔记！让你的阅读活跃起来，并将提问纳入其中。用下划线或圆圈划出关键信息。在空白处涂鸦或写下问题，也可以在空白处记下几个词来总结回顾之前的段落，或者甚至在阅读的时候预测接下来会发生什么。我们很多人都在无意识地阅读——"左耳进右耳出"。但是主动阅读要求我们把这个过程重新规划为更多的对话。当我们与我们所读的内容互动时，它就呈现出了立体感，我们就更容易把握内容的结构和微妙之处。

1. 如何在阅读中做笔记

考试中如果要主动阅读，最好最简单的方法是使用荧光笔。阅读时，在每句话后稍作停顿来"消化"它，可以用荧光笔划出重要的部分。如果你愿意的话，你可以和自己对话，解释读到的这个想法。每个段落的结尾，你可以做一个简单明了的总结，甚至可以添加标签来帮助自己更好地理解各个小节。这些标记和注解不一定要整齐，也不一定对其他人都有意义，只要满足你自己——只是为了帮助你理解。你可能会草草记下一些要点或思维导图，以帮助你了解一些概念的提出原因，或者在你不太理解的部分打上一个小问号。你也可以在你反对或想要评论的文字旁边加上箭头，或者圈出你不理解的词汇（但也许你可以从上下文猜出它的意思）。

2. 做笔记的要点

你在阅读过程中有什么样的习惯，这取决于你，但要确保你的笔记确实对你有帮助，而不是分散你的注意力或浪费时间。用荧光笔做标注是对你正在阅读的材料进行分析、剖析和批判性思考的一种表现——但做标注这个动作本身并不重要！不要出现高高兴兴地浏览一篇文章，不假思索地划出百分之五十的重点这样的情况。要不然，这就只是一个无用的习惯了。做笔记的基本原则是，避免划出整句整段作为重点——少即是多。你的标注应该帮助你在更深的层次上理解和掌握材料，并强调某些重要的细节。如果什么都强调，那就什么都不是了！

当你边阅读边做标注时，把它与批判性思维结合起来。在每一节结束时暂停一下，认真思考你学到了什么。仿佛你头脑中与一个内在的导师有了一段简短的对话（"这里我有……没理解？嗯，我对这些问题不是很确定，在哪里可以找到这些信息？也许我可以从这段话中推断出来……让我们来看看……"）。

3. 标注出答案要点

最后，有个提示，这是一些学生都没有意识到的。那就是：标注你的回答。

你要思考如何能将你的回答清晰地展现在阅卷人面前，这样他们才能快速判断你的得分点。你可以在自己的回答中突出重要的部分，用下划线或荧光笔标注要点。这不仅会让阅卷人更容易找到，还能证明你掌握了你要展示的内容，并清楚地了解你答案的整体结构。

七、集中精力应对你所熟知的内容

考试有点折磨人，无论是身体上（你要坐着不动，写上几个小时）、认知上（你需要记住大量的信息），还是情感上（你必须成功地控制紧张和焦虑）。如果你身体疲惫或感到不适，这可能会严重妨碍你在考试中取得好成绩，但同样可以说你是被恐慌冲昏了头脑。而且没有什么能比恐慌和不自信，更快地破坏注意力、记忆力和问题解决能力了。

1. 从简易的问题入手

这就是为什么要首先从简单的考试开始，即所谓的低果先摘（长在低处的水果容易被采摘，比喻唾手可得的成果）。因为这不仅能让你不费力地获得高分，还能让你对考试信心十足且动力满满。如果你一开始就尝试一些太有挑战性的考试，你可能会让自己精神紧张，产生焦虑，继而形成恶行循环。考试可能是可怕的、令人紧张的，但是你可以从一些熟悉的、简单的、易懂的问题开始，来缓解这些紧张情绪。你甚至会发现，这种"热身"方式可以让你逐渐了解如何应对更具挑战性的问题，而之前面对这些问题时，你的大脑是一片空白的。

2. 跳过棘手的问题

深呼吸，告诉自己一切都在掌控之中。平静且冷静地完成考试，自信地回答你所知道的问题，跳过那些你不确定的。不要让一个棘手的问题难倒你或动摇你的信心，当然——出现一些棘手的问题是完全正常的，你可以晚些时候再回来思考它们。在任何情况下，真正棘手的问题都需要你全神贯注，而恐惧和害怕会让你无法做到这一点。

3. 保持精神放松

考试期间，有很多方法可以管理你的精神状态，让你放松。前一天晚上做好充分准备，多喝水，睡个好觉，第二天早点起床。考试过程中，不断提醒自己坐直，深呼吸。答完每个问题或每种题型之后休息几秒，甚至可以做一些伸展运动，如果你觉得对你有帮助的话。如果考试相当难，那就不断将你的思维拉回到那些你知道答案能回答的问题上面。保持冷静，在可用的时间内把注意力集中在你能得到的分数上。

4. 莫要为难题分心

偶尔遇到一个真的很难或完全不可能知道答案的问题，这也没关系！不要让自己因此分心，变得一副大难临头任人宰割的样子。无论如何尽量多做你会的题，如果有不会做的，那也别对自己太苛刻。问题中至少有一小部分你是知道答案的吧？或者你能猜到答案吗？如果你仍然没有找到答案，不要自责——紧张不会帮助你更快找到答案。最后，避免在考试后与其他焦虑的学生核对答案，因为这只会让你无谓地纠结于无法改变的事实。

八、第一印象是否可靠有待商榷

如果你相信第一印象，那么你对考试问题的第一个下意识的回答通常是正确的，但这是真的吗？我们很多人都有这样的经历：选择了一个答案，怀疑自己，把答案划掉，然后写下其他答案，后来才发现其实我们第一次的选择是对的。

1. 是否应该相信第一印象？

心理学研究员贾斯汀·J. 科奇曼对这个问题进行了研

究，结果表明：我们的第一直觉通常不比我们经过更多考虑和仔细分析后的反应来得更好或更差。我们可能倾向于认为第一印象更好，因为我们选择性地记住了它们管用的情景，忘记了它们将我们引入歧途的情景。认知心理学家告诉我们有一种禀赋偏见，即我们会错误地夸大自己已经拥有或已经做过的事情的重要性和价值。

2. 如何依赖第一印象？

然而，有时候你真的根据第一印象做的选择就是最好的。那么，你如何知道什么时候该相信你的直觉，什么时候该忽略它呢？这里我们需要元认知的魔力，也就是思考我们思考的能力。科奇曼的研究表明，学生对自己答案正确性的信心通常是准确的。换句话说，当他们怀疑自己的答案并决定改变它时，他们第二次的选择通常是对的。但是当他们非常确定自己的答案时，他们通常也是对的。

从这项研究中我们可以得出的结论是，人们通常非常善于知道自己什么时候是对的，什么时候是错的。因此，你是否修改最初的回答取决于你自己——只修改你真正觉得可能不正确的地方，而不要因为迷信"第一个回答通常是正确的"这种论断而去做修改。这不仅仅是一个关于对与错的问题，而是关于你是否意识到对自己自信的感受。有时候，第一反应是对的，但有时候不是，需要修正。注意你的信心指数，仔细思考问题，如果改变答案真的是正确的事情，那就不要害怕改变。

因此，更新后的规则是：你脑海中闪现的第一个答案往往可能是正确的答案。除非你绝对确信你选择的答案是错误的，否则不要改变答案。

重新回顾答案并做出修改可能会适得其反，尤其当你是那种焦虑并开始自我怀疑的人。你应该总是计划考试结束前留下足够的时间做检查，这能让你以新的眼光重新审视问题。你不仅可以再次思考觉得困难的或遗漏的问题，还可以检查作文的语法和拼写，并确保你没有跳过或错过任何问题。

本章要点：

- 考试当天，需要保持冷静和专注，并有一整套策略来应对考试。一些学生喜欢使用"记忆倾卸"，这能让他们一次性快速写下他们能记住的一切。这可以减轻认知负荷和压力水平！
- 下一步是弄清楚你共有多少时间，每个问题的分数及你应该在这个问题上投入的时间。养成定期检查自己答题速度的习惯。

- 能快速写下答案当然是很好的，但首先还是要仔细通读所有的答案选项，真正分析你被问到的问题，不要做任何假设。试试 BRAVO 口诀——呼吸、审题、回答、核实和检查。

- 当你阅读问题时，尽力寻找线索和提示。对于选择题，要注意绝对化的术语，对否定或双重否定要特别小心。对于较长的问题，注意像"分析"或"比较"这样的指示词，并确保你实际上是按照问题的要求来回答的。

- 做一个积极参与的读者，边读边记笔记。每一段之后可以暂停来进行"消化"，用画圈或下划线来突出关键术语，或在页边空白处做笔记。

- 会遇到一些困难的问题，但是要保持冷静，集中精力把你知道的做到最好。深呼吸，跳过那些你绝对无法回答的问题，不要在它上面浪费时间或让它动摇你的信心。

- 最后，如果你百分之百确定第一次选择的答案是正确的，那它很可能就是正确的；然而，如果你有怀疑，那就不要迷信第一选择总是正确的——相信你自己的判断，如果你不确定，那就自信地修改答案。

第四章 ▶▶▶
掌握简答题和论述题答题技巧

一、理解故事结构

所以，我们已经讨论了选择题和作文题——可以说分别是最容易和最难的题型。但还有另一种题型呢，那就是传统的阅读理解题。根据不同的主题，会要求考生阅读一篇短文或学术论文这类文章，然后回答关于所读内容的问题。对于这种题型，你同样需要自己的策略。

1. 理解故事结构的重要性

想象一下，要求阅读一个故事并回答问题。你看了第一个问题，去读故事，试图找到答案。对于下一个问题，你记不太清楚情节，所以你又回到故事中，再次略读一遍。回答第三个问题时，你还是记不住故事内容，所以你又读了一遍……你发现你的问题了吗？你这样是在浪费宝贵的时间。

2. 如何把握故事结构

你在考试中所做的阅读与正常阅读是不同的。它应该是有重点和针对性的，需要最大限度地利用你的时间。首先，对文章做一个大致的浏览，注意文章标题和主要段落的标题，并仔细观察图表，这样就对文章内容有了一个大致的了解。然后阅读问题，当你再次阅读文章时（这次会读得更仔细），你就更容易能注意到答案。阅读过程中，用手中的笔将重要的事实——姓名、日期、关键术语、主要事实等挑出来并加下划线。当你找到一个问题的答案时，把它圈出来。留意任何能回答何时、何地、如何、为何、是谁和是什么的内容。

如果你在文章中找不到答案，你可以依靠你对故事结构的一般理解，比如：开头部分通常概述了时间和地点，中间部分展现冲突、难题、进一步的细节或文章的主旨，结尾部分包含了关于问题的解决或总结性的信息。如果问题问的是主要矛盾，你会倾向于在文章中间部分去寻找答案。如果问题要求具体的数据或量化的数字，你可能要查阅所有包含的图表。

3. 回答要抓住故事整体结构

永远记住，阅读理解题中，你的分数是通过展示你的理解力来获得的。重点不是成功地从一篇文章中挑选出一个事实并加以转述，而是向阅卷人表明你理解这个事实的含义以及它可能的在更大范围的运用。还是那句话，注意提问的方式。通常总有一个或两个主要观点会被刻意问到——问题分数的分配会给你提示。你的答案要尽量简明扼要。如果你参加的是科学或数学考试，要特别注意在你的答案中包含正确的单位和术语。

有时一个简答题会涵盖几个小问题，而你并不知道所有的答案。没关系——你可以利用你所知道的一步步来。先写下你所知道的，尽最大努力在这一部分获得满分，并试着猜测这部分回答对其他更棘手的问题有何帮助。如果你还不知道答案，只需在这个问题上做好标记，稍后再来回答。

二、拟定提纲

前面章节中，我们提到了写作和回答复杂问题时使用提纲的重要性，但具体怎么做呢？

1. 列提纲的好处

当然，如果你思如泉涌，想立即开始提笔书写，这也是很不错的——特别是当你时间紧迫，或者你很熟悉这个主题，要把你想说的趁忘记之前先写下来！但如果可以的话，开始写作之前，花些时间写一个提纲。提纲真的可以是一个救命的法宝。如果说有什么是阅卷人讨厌的，那就是不得不在一堆杂乱无章的废话中上下求索，试图了解你到底想表达什么。所以你需要让你的中心论点、主要观点和所思所想清晰可见，阅卷人想错过都难。要做到这一点，你就需要有一个有条有理的提纲。

2. 如何列提纲

别担心，你的提纲不需要完美，只要对你有帮助就行。通过准确理解问题的要求，你开始准备一个全面的提纲——这将指导你的答案或作文的结构。例如，假设你有一个作文题目，要求你对两个研究理论进行"探索和阐述"。这两个词表明你需要提供大量的细节，并考虑未解答的问题或当前的争议及困难。

所以，首先从一张白纸开始，通过"记忆倾卸"把你所知道的关于这两种理论的所有信息都写下来。你已经知道你需要用百分之五十的篇幅来论述每个理论，所以你画了一个粗略的表格，记下每一个理论的事实，并保持篇幅的平衡。然后快速写下一个提纲：先是引言部分，然后两种理论各三段（总共六段），最后一段探索两种理论的更多开放式问题。

然后你注意到你有三十分钟的时间来完成这个作文，作文满分是 30 分——大约一分钟一分，所以这已经告诉你不能在每一分上浪费太多时间！作文要求五百到一千个字，所以你做了一个快速的估算，发现引言和结论部分需要 50 到 100 个字（也就是各占 10%），中间部分需要 400 到 800 个字。你决定把六个段落中的每一段都控制在 100 字左右，并在每一段中至少放上两到三分的内容。一旦在脑海中把所有这些都构思清楚了，就开始写吧。"好的，我现在以×××为题写一个 100 字的段落，我应该用两到三分钟左右的时间来完成。"

你能看出这个作文题的提纲是如何制定的吗？这个提纲又是如何让你专注于写好这篇作文的呢？写提纲可能会让人觉得是额外的工作，但实际上它能让你事半功倍。例如，你有关于这两个理论之间差异性的素材，但你从一开始就发现这些素材不应该出现在你文章中——因为你只被要求描述每一种理论，而不是比较它们。这样你就为自己节省了很多精力，也避免了时间的浪费，而节省这些时间可以用来让你把作文写得更好。

三、回答要有说服力

根据你的学习水平，你可能需要背诵和记忆的能力，或者你可能需要更高难度的批判性思维、分析和创造性解决问题的能力。然而，封闭式和开放式问题都各有优缺点。例如，对于判断是非的问题，你的答案要么百分之百正确，要么百分之百错误。但作文题就没有那么严格，如果你清楚地阐述你的思维过程，你往往可以获得部分的分数。这意味着你需要用令人信服的证据来支持你的陈述，并创造一个能有效说服读者的论点。另外，仅仅依靠背诵而不是理解来解答的基本问题，相对比较容易得到分数，但如果你没有真正理解一个更为复杂的作文题目，从你的批判性分析的水平就可以看得出来。

1. 阐述的观点要切合题目要求

一篇议论文不仅仅是陈述事实，它必须包含一个清晰的、论证良好的论点，抽丝剥茧娓娓道来，逐步说服读者接受，并以一个最终的结论作为结尾。虽然这些文章应该正式客观，但也需要一定程度的创造性思维，同时要做到令人信服。例如，如果你被要求写一篇议论文，主题是关于对垃圾食品征收"糖税"所带来的经济效益，那它会与你简单描述饮食对Ⅱ型糖尿病发展的影响这类文章有很大的不同。

不过，要特别注意的是，议论文不是让你闲聊瞎扯或分享毫无根据的意见。就像其他所有的题型一样，它也需要有针对性的策略。在这种情况下，你的论述没有真正切中重点的风险是非常高的，特别是如果你有自己喜欢的理论或观点想要分享的话，就会很容易偏离主题。例如，你并没有被要求权衡生酮饮食的优缺点，关于体重的文化期望，或征收糖税的个人利益（请再读一遍你的问题——你应该只谈它的经济利益）。如果你错过了这一点，你可能会浪费部分甚至全部的文章，喋喋不休地谈论完全错误的东西。

2. 围绕主要论点列提纲

和其他文章一样，你也需要为议论文制定一个提纲，你要确保只提出了一个主要论点，并有足够的证据来支持它。看看你能否用一两句话概括你的整个论点。如果不能，你可能需要加以澄清。如果可以，那就用这句话作为你提纲的基础。你的论点最好有一些论据作为支撑，并在结论段落做重申之前，逐步完成论证。

3. 语言表述应正式清晰

一个常见的陷阱是，在议论文写作上因为语言风格而失分。你的老师可能会就正确的语言风格给你进行了详细的指导，但总体来说，你应该避免任何的随意性，采用清晰、正式的习作风格。

这意味着尽可能使用被动语态而非主动语态，取消"我"的陈述或其他人称代词的使用，使用标准的标点符号和拼写（非口语化），避免过于个人化或戏剧化的风格，因为这些风格更适合于创意写作课。

避免温和地陈述明显的意图，如"在这篇文章中，我打算……"以及避免使用反问句，"还有什么比我们孩子的未来更重要？"，或常见的格言/俗语，"莎士比亚说，玫瑰花换个名字还是一样香。"当然也要注意，不要陷入过于叙事性的用语，"众所周知……""对他来说很不幸……""有一天，另一位研究者回顾了这项工作……"。

4. 结构逻辑应严谨

在正式的哲学体系中，论点的产生有其独立的前提，这些前提就像积木一样，一块块整齐而有逻辑的构建通向最后结论的路径。比如说：

- 前提 1：基于健康原因的禁酒，只有在确实阻止/减少酒精摄入的情况下才是合理的。

- 前提 2：有证据表明，禁酒实际上并没有减少酒精摄入量（例如，禁酒期间非法走私酒水）。

- 结论：因此，禁酒是不合理的。

当然，你还必须论证这些前提的真实性和合理性，以及证明这两个前提自然而然会得出你的结论——否则，你将无法说服任何人。你能做的是指出历史上许多禁酒的例子，在这些例子中，酒精是被禁止的，但非法消费依旧持续甚至有所增加。一般来说，一两个极其确凿可靠的证据，也比好几个相对单薄的证据更有说服力。因此，与其列举 10 个禁酒令没有奏效的国家，你还不如强调一点，没有一个国家的禁酒令真正起作用——这两者差别很大。

5. 严密构建文章的结构

写作时，把一篇有说服力的文章中的每一个段落看作是一个小型的论证，可能对你会有所帮助。因此，你要以这种方式来组织你的文章：

- 主题句：通常在段落的开始，提出一个主张。
- 段落主体：为该主张提供支持证据，以及给出任何定义或例子来说明你的观点。
- 最后一句：这句话可以重申你的观点，或者引出下一段。
- 使用过渡词：可以有效地将你的论点紧密"缝合"在一起，使其流畅。例如：因此、所以、相应地、然后、然而、最后、最重要的是、开始、此外、主要原因之一等。

记住在文章的开头要提供足够的背景信息，例如，设定场景。还要记得在文章的结尾重申你的论点，但不要用完全相同的词语来表述，还要避免写一些显而易见的句子，如"所以这就是我认为×××的原因"。根据不同的主题，比如以"行动呼吁"或者对你期待看到的发展成果提出具体建议，来构建你的文章。

根据主题的不同，你可能被允许或明确要求提供你自己的例子和经历，同样，文章中的所有内容都应能具体支持你的主要论点——如果不是这样，那这部分内容就应该删除。文章中加入个人趣闻可能会非常有用，但要谨慎使用。有激情固然很好，但还是希望你的论证体现出自己论述的精辟和逻辑性。

四、关于引用

考试中不断向自己提问，这是一个好习惯。这个问题是测试记忆还是测试理解？对于大多数高中或大学水平的课程，答案往往是两者兼而有之。试着从阅卷人的视角给你的回答打分，可能会让你的答案变得更加简洁明了，从而为你赢得高分。对于简答题尤其适用，也就是说，这种题目只需要你用几句话或者最多一段话来回答。

显然，简洁明了是回答这类题型的关键。你需要确保自己提供的是重要的细节和事实，且只补充了最少量的信息——绝不只是因为你不想浪费太多的时间。对于像科学或数学这样技术性很强的学科，包含正确的单位是至关重要的，如果有的话，要把单位写全。给你的答案加下划线或双下划线，这样能更加明显和突出。如果简单题的回答需要以图表的形式出现，你只要记住加上图表标题并在坐标轴上正确标注，这样几乎总能轻松得分。对于这样的问题，把单位和标注弄对了，你就成功了一半。

千万不要在考试中摘抄或逐字逐句地复制文本内容，因为这样你就无法向阅卷人展示你的理解力。然而，对于一些主题，你可以通过加入一些精心挑选的与内容相关的引用来获得一些分数。在不完全依赖他人之言的情况下，如果你能引用专业人士对某一特定主题的看法并引用原始资料，你将在考试中给阅卷人留下深刻印象。这意味着你的回答没有含糊其辞，而是犀利且信息丰富，你也向阅卷人展示了你非常熟悉相关的文献，并能自如地使用它来支持你的论点。

不过，这其中的诀窍是要做得合适恰当。一个好的引用可能价值斐然，让阅卷人惊叹不已，但它需要与问题相关，且需要引用得一字不差，还需适当地注明出处。此外，你需要将它完美融入你自己真实的原创答案中。一句引用本身是不够的，但是当它与你自己的观察、主张和论点相结合时，它会成为一种有力而简洁的方式，向阅卷人展示你十分明确自己论述的内容和观点。

引用能令人印象深刻，但如果加入从里程碑式的研究论文、著名的理论家，甚至当前的统计结果中提炼出的细节也能起到同样的效果。只要确保你正确地提供了相关参考文献的信息，例如：

在伯特兰·罗素1950年著名的诺贝尔文学奖获奖演说中，他声称"人与其他动物有一个非常重要的区别，那就是人有欲望，可以说是无限的欲望，这些欲望永远无法完全满足，即使在天堂也会让他不安。"他将人类的这些欲望与自然的动物的欲望，例如饥饿，进行了对比，饥饿是可以被满足的。罗素继续概述了他所看到的人类的四种"政治欲望"。

五、关于举例

同样，如果你运用得当，例子和插图也能增加你书面回答的可信度。这听起来可能是显而易见的道理，但你的例子确实需要清楚地解释你正在讨论的内容，支撑你的观点，而不是简单地为了添加例子而举例。请记住，你是在进行论证，你需要提供坚实、明确的证据来支持你的每一个陈述。即使你只是在写一篇描述性的文章，一个合适的例子也能快速而简洁地展示你的理解，使你不必再进行过多深入的解释。

1. 精心选择恰当的例子

你也许能快速说出六个例子来说明某个特定的观点，但你不需要列举所有这些例子。简要引用一两个例子就足以支撑你的观点，这样也不会浪费你宝贵的时间。事实上，最好选择那些最令人信服、最清晰明了或最重要的例子，并把注意力集中在这个例子上，而不是在许多小例子上浅尝辄止。如果你被难题卡住了，可以试着换一个不同的问题，然后再回到你被难住的那个问题上。专注于其他事物一段时间应该有助于清除你的思维障碍，给你带来解决问题的新灵感。

2. 考试中的精炼表达

掌握考试中清晰简洁的写作艺术可能需要时间和练习，特别是如果你习惯于使用电子的文字编辑工具，可以在写作过程中轻松删除、剪切和粘贴。手写考试则需要更多的耐心。最好的办法是在写每句话之前暂停一下，把要写的内容在脑海中完整地过一遍，然后再动笔。用完整的句子来写，并变换你的句子长度，以保持内容的趣味性。也要努力变换句子结构，用副词开头，或改变词序来引发阅读兴趣。每一个句子都应该在那一刻精心设计，确保每一个句子都能直接呈现关键要点。为了时刻确保你没有跑题，提醒自己使用问题本身的短语和术语，或者转述问题，并在你的答案中以各种形式包含这一问题。

特别是对于有字数限制的答案，以及那些你没有太多余地来发挥或太多时间可以耗费的答案，你需要学会精炼地表达。例如，与其用冗长而复杂的段落来描述艺术史上的某个特定时期，不如简单地使用"贫穷的艺术"这一精确的术语，并给出一个简短的定义和典型的例子来加以说明，这样你既节省了时间又切入了重点。有了具体而简明的词汇，你就能删繁就简，写作就会变得更强有力，而不需要把你的手都写抽筋了。

出于同样的原因，学会使用类比和隐喻来表达你的观点。这在非技术性学科中更适合，当你试图说服别人时，你可以举例说明你的理解，节省了时间和空间，并给你的阅卷人提供一些有意思的素材，例如，当你写下这样的话："著名贫困艺术家米开朗琪罗·皮斯托莱托就像意大利的安迪·沃霍尔。"

 本章要点:

- 做阅读理解时,先粗略浏览文章和问题,打好基础,然后在故事中最有可能出现答案的部分再次寻找答案。例如,核心问题很可能出现在文章中间,而不是开头或结尾。

- 写作文时,花几分钟列一个提纲,这样既省时又省力,效果也更好。根据问题的要求来写提纲。试着在你的作文标题中使用问题中包含的短语或术语,或者花些时间定义和阐述那些术语。

- 确定一个主要论点并贯穿整个文章。每个段落都包含一个观点以及支持性论据,再加上一个简洁的引言和结论。以一个主题句开始一个段落,然后在段落中进行阐述和论证。确保每个观点都是一个合理论证的前提,并从逻辑上引向一个结论。在大约三十分钟的写作时间里,要拿出五分钟的时间来列提纲。

- 有说服力的文章要求你表现出更高层次的批判性思维、分析和创造性解决问题的能力。你需要提出你自己的原创论点，并有明确的证据支持你的立场，而不是仅仅分享你的某个观点。保持清晰的逻辑性，紧扣主题，绝不跑偏。一条强有力的论据好过于一个支离破碎的论点。

- 根据你的主题，从正确的来源或作者那里精心挑选的逐字引用可以给阅卷人留下深刻印象，并迅速证明你对内容的理解。但是，要谨慎使用引用，不要忘记把引用的内容融入你自己的相关分析中。

- 例子和示例可以是分享观点的有力方式，但它们需要恰当精心的选择并适当地整合。需要注意：避免包含太多的例子。

考

试

后

第五章 >>>

考试后的总结

一、睡眠充足，放松自己

累到瘫倒——你是否有过完成漫长而艰苦的考试后马上生病的经历？睡眠不足＋长期压力＝灾难。如果你一直睡眠不足，这不仅会损害你的认知能力，还会削弱你的免疫系统，降低抵御细菌和病毒的能力。我们已经知道了为什么睡眠和休息对于学习和巩固记忆那么重要，但是考试后的睡眠同样也很重要。

很有可能，你会一口气完成一系列的考试，所以确保每次考试后有足够的时间休息是非常重要的，否则你可能会被累垮。大多数人每天晚上需要大约 7 到 10 个小时的睡眠，但如果你学习很辛苦，你可能需要增加睡眠时间才能更好地恢复。但事实上，许多学生的睡眠时间反而少于必需的时长，实际上这样是在与自己作对，缺少睡眠会让他们的学习事倍功半。

你需要对以后的考试做好万全的复习准备，但要注意的是，不要在没有适当休息的情况下直接冲进下一个考场。你的复习也需要适当配合自己的生物钟（你习惯于何时睡觉何时醒来），保持稳定的睡眠时间，即使是在繁忙的学习日。可能你认为为了考试咬牙坚持熬几个夜，不是什么大事，但这有可能增加抑郁症、焦虑症、健康不良和记忆力下降的概率，这实在是不值得。

尽可能地确保在第一次考试之前，你就已经积累了一个星期的良好睡眠，并在完成其他考试期间一直保持这样的休息时间。你可能计划着期末考试结束后就疯狂聚会和庆祝，你没有理由不这样做——但也请你照顾好自己！给自己几天时间来减压，睡个懒觉，放松一下，做你喜欢做的事情。如果你对考试的结果感到满意，可以给自己一些犒赏或礼物，或做一些有意义的事情来纪念这个时刻，比如和家人或朋友出去吃一顿大餐。当你埋头学习时，你需要两耳不闻窗外事——现在是时候走出书房和教室，再次享受这个世界了！

二、评估学习方法和行为

有些考生，一考完试就立马飞奔出考场，把考试内容抛到九霄云外，一心只想着大肆庆祝。你也是这样的吗？对许多学生来说，学习只是意味着考试前做好准备工作，取得好成绩，然后继续新的学习——他们完全不考虑考试后应该要做些什么。

而事实上，学习并不是这样的。只有当我们有能力不断适应学习要求，并在每一次获得反馈后调整学习策略时，我们的学习才会取得进步。换句话说，如果你一直重复使用同样的学习策略，而不考虑它是否对你有用，你就没有真正学会成为一个更好的学习者，你也就不会取得进步。而且，仅仅获得一个好成绩并不足以说明你的学习方法是有效的。

可悲的是，许多教师和导师自己也在推广过时和无效的学习策略，因为他们从来没有真正花时间去分析什么是有效的。但是作为一个学生，你可以利用考试后的时间最大限度地从该学科中学到最多的知识，并在未来的测试和考试中做得更好。

请坐下来，想想到目前为止你是如何学习的。分析哪些方法是有效的，哪些是无效的——然后坦诚地问自己为什么。这不仅仅是针对考试本身，也是对你自己学习行为的一种复盘。考试经历可以清楚地让你感受到，你的学习策略在应对考试所带来的认知、身体、时间和情感需求等方面的效果如何。你有必要把感知记录下来，然后努力将这些观察、赞美和批评转化为具体行动，致力于积累更多有效的学习行为，并采取实际行动来减少你已经知道无效的学习行为。这里有几个问题，可以用来指导考后评估：

1. 我的整体学习策略对考试有多大帮助？

也许你浪费了很多时间去研究不必要的细节，或者你没有足够的时间复习，因为你没有很好地管理你的学习时间。也许你只是读了复习资料并划出了重点，并没有产出有用的笔记。也许你可以做更多的模拟考试或间隔重复练习。无论怎样，考试结束后花点时间看看你有哪些遗憾，有哪些事你本可以做得更好一些。

2. 我是否有效地利用了所有可用的资源？

也许现在是时候考虑是否有其他学习资料或学习资源可能更好地帮助到你。也许你需要一些教科书或学习网站，甚至是一些学习用品，帮助你更轻松地学习。如果你发现因为错过了一些关键的辅导课或讲座而导致考试有点吃力，那么你就得到了明确的证据：如果想要在后续考试中表现优异，你需要改善上课出勤率。

3. 如何有效地控制我的紧张情绪？

这是一个很重要的问题。你可能已经找到很多巧妙方法来记住所有考试内容，但你是否拿出足够的时间适当休息，照顾好自己，并保持良好的睡眠和饮食习惯呢？你可能会发现，你需要在放松技巧上多下点功夫，或者在日常生活中融入一些自我肯定或正念练习。或者你可能会发现需要更好地管理你的心理健康，比如更有效地减少干扰，创造一个良好的学习环境，或者甚至要确保你周围的朋友对你都有积极影响。

4. 事后分析哪些是不必要的？

许多学生几乎都不约而同地精心制作了五颜六色的学习笔记，但之后再也不会回头查阅这些笔记。诚实地审视你为考试投入的所有时间，看看你是否能找出所有真正对考试有帮助的，以及所有基本上没有必要的耗费。

80/20法则告诉我们，往往百分之八十的效果只归结于我们百分之二十的行动。看看你所涉及的学习资料和投入的努力，问问自己，哪些才是那最有影响力的百分之二十呢？然后问一下自己，之后的学习中你如何增加更多这样的内容。例如，你可能对一门长期课程所有考试的权重有了更清晰的了解，并意识到你为之前几次考试（实际上并不占很大权重）而耗尽了自己的精力，在最后一次考试中（占最大权重）却没有表现得很好。

5. 我的学习计划是否真的切实可行？

当然，你可能会因为意外事件、疾病或拖延而偏离计划。但你是否注意到，你经常跟不上自己的计划？你可能过于雄心勃勃，给自己计划了太多要做的事情。你是否有些完美主义倾向，导致你为自己设定了不切实际的目标。雄心壮志地认为自己要复习很多是好事，但它会导致你错误判断自己还剩多少复习时间或需要多少时间来复习，并可能会增加你的压力水平。请根据自己的实际情况，相应地调高或调低你的期望值。

6. 我该如何庆贺并巩固我的成绩？

当然，考试后也有很多值得骄傲的地方。为通过考试的自己点个赞，花点时间表扬自己表现好的地方。如果你对自己在某一领域的表现非常满意，问问自己是如何做到的，然后下定决心以后要继续保持，并做得更好。

你的目标是在即将到来的考试中取得好成绩，但一般来说，你更大的目标应该是成为一名更好的学生，能不断从错误中学习并改进学习方法的学生。不要做简单的假设——而是要像科学家一样中立地看待你的学习方法，并通过不断挑战自己来获得提升，无论你的分数是高是低。这样一来，学习就不只是根据需求在这里或那里修修补补，而是一种态度和生活方式。

三、全力以赴

无论你是如何看待考试本身的，考试后的这段时间是你客观分析并思考整体学习轨迹、成绩和学习安排的最佳时机。从大局看，每一次考试和测验都是学习过程中的一小部分，但都会在你的整体学习策略中占有一席之地，无论你是高中生还是大学生。

1. 养成自我评估的习惯

可以说，作为一名学生，你需要发展的最有价值的技能是管理技能——时间管理、情绪和自我管理，以及工作量管理。为此，你需要提前计划，而要做到这一点，你需要一种认真、诚实、积极主动的态度，专注于行动和责任。老师用测验和考试来评估你的进步，但这并不意味着你不能设计策略来主动评估自己的进步。理想情况下，考试只是你掌握所学并尽可能成为最好的学生这一整体策略中的一小部分。你在任何一场考试中的表现，也只是众多参数中的一个数据。

学习生涯中，养成自我评估的习惯很重要。每周（周日晚上是常见的时间），问自己以下问题，并做出相应的调整（如有需要）：

- 你是否能跟上进度，完成阅读、作业和练习？

- 如果你跟不上进度，需要做哪些改变？

- 你是否有每天预习的习惯？

- 你是否积极参与新知识的学习？例如，进行总结，提出问题，完成练习。

- 你是否意识到所有学习任务都是你整体学习策略的组成部分，你有没有跑偏？

- 你能识别任何潜在的问题吗？针对这些问题，你现在能做些什么？

每周这样做可能看起来工作量有点大，但事实上，这样做会减轻你以后的工作量，因为你是在小麻烦变成大麻烦之前将其扼杀在了摇篮里。在老师通过考试来监督你学习之前，你就已经将主动权掌握在自己手中，开始监督自己了。如果你遇到困难，那就寻求帮助。如果你在时间管理上出了问题，那就找出问题所在并采取行动。你总能找到可用的资源，加上你的冷静和专注，你就能在任何问题上取得进展。正是这种态度，而不是好成绩，帮你建立起作为一个学生的自信和能力！

2. 关注内在驱动力

同时注意你的整体健康和行为。如果你有焦虑症或拖延症，或者你对学习方向有任何不确定，那你就需要采取措施：寻求帮助或额外的支持。这可能看起来会让你感觉不知所措，但你所要做的就是把自己的问题分解成小步骤，并迈出第一步。仅此而已。

拥有自己的个人目标将赋予你力量，并使你保持专注。假如你总能找到一些东西来衡量自己所取得的进步，这会让你产生内在的动力，而不是通过老师或标准化考试来告诉自己应该重视什么以及为什么要重视这些。当你做得好的时候，你也可以奖励自己——无论目标大小，只要实现即可。你会慢慢培养出一种无价的、不可动摇的自信。

3. 制定可测量的评估标准

为了更有效地评估自己，你需要一个衡量标准——你的目标。正确的目标是明确而具体的，且有时间限制。你需要量化目标并使其切合实际，这样当要评估自己的表现时，你就有了可以实际衡量的标准。不要等到考试时才开始量化你的表现。可以利用模拟考试并记录你在这些考试中的得分，甚至可以设计给你自己的测试。如果你有关于你在课程中学习进展的具体数据，你可能就不会等到学期结束时把自己吓一跳，因为你发现自己知道的并没有想象中的多。

4. 多进行自我测试

你可能天生就不喜欢考试，但如果你能在考试开始之前，就养成尽早经常性地测试自己的习惯，它会给你带来无数的好处。它可以让你练习考试技巧，消除对考试过程的焦虑，熟悉考试题型，并看到自己随着时间的推移取得的进步，内心动力得到了提升。请记住，间隔重复和练习回忆是真正提高记忆力和熟悉度的方法——那些你在考试前几个月都一直在重复练习的内容，临近考试的时候你甚至都不用再复习它们。如果你把复习内容切分成较小的可承受的任务量，你可以很容易地将其融入你的正常学习日程中。

多做测试，就是给自己尽可能多的接收反馈和自我修正的机会。老实说，正是这种大局观让优秀的学生区别于平庸的学生。差生只是在考试前不久才准备复习和备考，而成绩中等以上的学生会在几个月前就开始一直积极地为考试做准备。

5. 适时调整自己的学习计划

一次大型考试或一系列考试之后，检查你的整体学习计划并做出相应的调整。如果你已经落后了，就制订一个如何迎头赶上的计划，你可能需要利用学校的休息时间或假期来缩小一些差距，或补上你本应在学期一开始就制订的计划。或者，你可能想做好更长远的计划，从现在开始笨鸟先飞，为以后减轻一些压力。

现实生活中，很少有人是始终如一地做好每件事的模范学生，但保持积极主动的好处在于，你的起点并不重要。如果你很茫然，对自己的成绩感到不满意，那也没关系。从现在开始，你总是可以做些事情来改善自己的处境。应对考试焦虑最好的解药就是控制自己，朝着正确的方向迈出一步（哪怕只是一小步！），然后停下来，评估你的进展，再前进一步。每个学生的情况都不一样。对一些人来说，最大的改善可能是减少了社交媒体和游戏这类干扰；对另一些人来说，也许会是建立信心的问题；而对还有一些人来说，或许会减少学习时间——不过要保证这些学习时间真正发挥它的作用和价值才可以。

本章要点：

- 一次考试或一系列考试后，花点时间适当休息，睡个好觉，给自己减压。学习可能会让人很紧张，所以值得花些时间好好休整和照顾自己。

- 一旦休息好了，就该关注一下你的成绩以及你在考试中的表现。学习不会在考试结束的那一刻结束——事实上，学习过程中最重要的部分发生在考试之后，在自我纠正和调整的过程中。学习是一个终生的习惯，永远不会停止。你应该不带评判，诚实而中立地看待自己所处的位置，并对你得到这一结果的原因进行分析。

- 高于平均水平的学生会积极主动地关注他们的表现，坦诚地反思他们的学习方法是否适合他们，这样他们就可以不断地调整、发展和逐步改善。

- 可以问问自己，你是否合理利用了学习资源，你是否保持了良好的心理状态？哪些学习方法是有效的，哪些是无效的？哪些方面你可以改进，并下定决心采取具体行动，以便下次做得更好。不要忘记庆祝你的胜利，这会增强你的信心。

- 学习计划可以帮你解决掉某一特定的考试，除此以外，你还需要从考试中抽出身来，评估你的整个学习轨迹，以及你在这学期、这一学年的学习情况。你不必等到考试时才清楚地了解自己的表现——让自我评估成为一种常规习惯。

- 检查你的日常作息、学习资料、复习习惯、作业情况、模拟考试和阅读材料等是否需要调整或改进。要保持积极主动，朝着正确的方向小步前进。

- 如果你没有足够的机会从老师或考试中获得反馈，你可以通过自我测试来创造反馈的机会。测试、调整、再测试，你不仅会对学习内容更加熟悉，同时也会更加适应考试带来的压力。

第六章 ≫≫

成为终身学习者

一、从错误中学习

这里有个问题：什么是错误？它们的作用是什么？

对于焦虑的或是有完美主义倾向的学生来说，错误是不应该发生的事情。它们是让人感到尴尬或愤怒的事情，是想要掩盖或尽量减少的事情，是要尽可能避免的事情。

1. 正视错误的意义

但也还有其他方式来分析"错误"。犯错不仅被看作是可以接受的，而且是学习过程中最重要的组成部分。从真正意义上讲，错误=学习。有时我们会觉得错误或误解就像因为迷路而偏离了"康庄大道"，而对于那些自信而成功的学生来说，情况正好相反——错误正是"康庄大道"。生活中，犯错可以让你了解到对你来说什么是重要的，什么是你喜欢的，什么是你不想要或者不需要的。在我们的学习中，错误能向我们揭示出什么是有效的，什么是无效的。错误是我们最宝贵的老师之一。

当你转变心态时，你就会明白，实际上并不存在错误，有的只是教训和学习机会。具有讽刺意味的是，如果我们对学习过程可能会犯错而感到不舒服，情况只会变得更糟糕。克服任何失败或错误的最简单方法是承认它消化它，并从中吸取有价值的经验教训。在这个过程中，我们不需要为自己感到难过，也不需要对自己的智力、职业道德或自我价值进行评判。另一方面，执着于错误意味着我们沉浸在负面情绪中，会导致我们无法学到任何东西……并且使得我们以后还会再次犯同样的错误。

2. 如何正视错误

因为一个愚蠢的错误、一个糟糕的结果或一次彻底的考试失败而感到失望是正常的。你应该尽量避免惊慌失措、自我憎恨或进入自我否定的状态。如果你从小就被灌输以错误为耻的观念，那么你将需要一些时间来调整你的态度。真正的自信来自于相信自己的价值和能力，不管成功的外部标志是什么。学习拥抱和接受错误并不容易，但这实际上比自责和谴责自己重蹈覆辙要容易得多！

要自我觉察到自己最初的反应。感到愤怒、羞愧或失望是正常的。无论你感觉到什么都是正常的。只要提醒自己：你不必根据你的感觉采取行动。只要有自我觉察，让自己感受到你的感受就好。休息一下，如果需要的话，也可以适当发泄一下情绪。但是一旦你平静下来，你就应该更中立地看待这种情况。

分析到底哪里出了问题以及为什么会出问题，这可能会让人不舒服，但想象一下，你是在保持中立，客观地评价别人的问题。试着深入了解你的错误告诉你什么；你误解了什么；你做了哪些不正确的假设，或者你存在哪些知识缺口；你低估或高估了什么，为什么会这样。

下面是最重要的部分——下决心采取一项行动来解决你发现的问题，这在你的学习过程中扮演积极的角色。我保证以这种积极主动的态度所学习的内容，会在你的脑海里留下非常深刻的印象。对许多学生来说，最让他们纠结的是如何解决那些他们已经熟悉的问题，因为这样他们必须自己从头开始努力解决这些问题。

向老师寻求帮助，与其他学生一起讨论，甚至将你的错误与他人的错误进行比较，看看你发现了什么。你的目标不仅仅是要找出正确的答案，这无关紧要。重要的是，你要阐明其中的过程，既要引导自己找到解决错误的答案，还要让你看到正确解答的思路。事实上，要竖起你的耳朵，睁大你的眼睛，预测未来可能会发生的类似问题。下一次你解决类似的问题时，你会发现这次的分析已经留在了你的脑海里，你可以停下来，对自己说："等等，我以前也遇到相类似的情形。上次我做了×××，但那并不奏效。我告诉过我自己，我还有其他办法。让我们看看会发生什么……"

3. 坚持从错误中学习的态度

如果你达到这种状态，你可以为自己感到骄傲，因为这证明你是以不同的方式看待错误。如果你预料到有些问题会很难，那么当它发生时你就不会感到失望或惊讶。你准备好了——甚至兴奋地——去看你能从所有的"错误"中学到什么。就像我们历史教科书中那些伟大的企业家，他们甚至特意寻求失败，因为他们明白这是弄清如何正确做事的最快速、最有效的方式。

如果你允许恐慌、自卑或愤怒影响你的判断，你就错过了一个宝贵的学习机会。一个学富五车的天才，实际上比不上一个智力中等但坚持不懈的人。如果天才不能从错误中学习，他们就永远不会进步。但如果有了学习的心态，学习之路上的每一步都是机会，可以问自己："我在这里可以做得更好吗?"因此，学习进步的关键在于情绪控制，以及将信心与知识相结合，而从来不是知识本身。

如果你感到羞愧和自我怀疑，那就先把注意力集中在实际问题上。识别你所犯错误的种类。你是否因为急于求成或臆断而犯了一个愚蠢的错误？你是否对这个主题完全缺乏了解？你是不是因为没有足够的时间？你是否在考试时发现你对学习内容的理解有误？你是否在一个问题上卡住了，从而影响了其他答题？你是否知道答案，但不知道如何呈现？或者你实际上根本没有犯错，只是感到失望（这种情况下，对自己感到失望是一个现实预期的问题）？

一旦你确定了问题所在，只需简单地问一下自己下次能做什么具体的事情来解决这个问题。不要把永远不犯错误作为目标，而是要把永远不犯同样的错误作为目标!

二、克服考试焦虑

所有学生可能都会感觉紧张，但如果你对失败有一种更持久的恐惧，这种恐惧会不断削弱你，你可能需要采取特殊措施来支撑自己。对失败的恐惧会让你心理衰弱，干扰你的成功，破坏你的人际关系，甚至给你带来身体上的不适。许多所谓的"懒惰"学生其实并不懒惰，他们是严重意志消沉，对自己的能力完全失去了信心。另外，一些学生实际上潜意识里害怕的不是失败，而是成功——他们担心如果他们提高目标，等待他们的将是更大的压力和期望。

考试焦虑以及对自己能力的深层担忧，是心理健康专家可以帮助你解决的问题，但请放心，这是一种可以处理的恐惧。如果恐惧导致你拖延、冷漠、逃避考试和学习、眩晕失忆、自我质疑，甚至恐慌症发作，你可能需要获得比平常压力管理更多的帮助。

有几个简单（但并不容易）的方法可以帮你克服考试焦虑：

- 尽可能做好准备；
- 直面你的恐惧，收集尽可能多的信息（因为未知会滋生恐惧）；
- 高频率低风险的自我测试，可以让你逐步建立对小错误和"失败"的容忍度；
- 保持资源和时间管理的条理性；
- 深入了解并不断提醒自己的价值和立场。提醒自己曾经走出逆境的经历。

同样，这些都可以归结为保持积极主动，并通过切实可行的计划来掌控。自信来源于通过实践慢慢积的勇气，而恐惧通常与全有或全无的灾难性思维联系在一起。缓解恐惧的方法是将令人生畏的大任务分解成较小的任务，并在开始时通过完成一个个小步骤和小任务来建立勇气。要知道，如果你改变心态，你就能改变你的感受和行为方式。卓越是一个伟大的目标，但未必要完美。

最后，最重要的一点是要对自己抱有深切的宽容悲悯。你能做的比你知道的更多，你比你感觉到的更勇敢——感到恐惧是正常的，无论如何，要不断推动自己走出去，朝着你的梦想积极地迈进。进行冥想或者定期的自我护理和放松让自己心平气和。发挥想象力，想象你将如何优雅地面对和克服任何挑战。如果你失败了，记得深呼吸，提醒自己世界并没有就此终结。韧性需要不断的尝试和坚定的信念，需要我们去奋斗，去犯错，用仁慈和理解的眼光看待自己，并意识到失败并没有什么损失。

三、和老师多沟通

无论你喜欢还是讨厌你的老师，他们都是一个宝贵的资源。这是学生们很少意识到的事情，但是只要方式正确，向老师或导师寻求帮助是一个不错的方法。并且，你也不必等到你已学到焦头烂额或是考试将要不及格的时候才开口求助。

1. 和老师沟通是合理且可行的

首先记住，老师也是人，他们的工作是帮助你学习并通过考试。不要担心会打扰他们——这就是他们的职责所在。还记得成长型思维模式和固定型思维模式吗？对失败有一个成熟和积极的态度是一个优秀学习者的标志，而寻求帮助是其中的一个重要部分。你绝对不想让别人觉得好像你是在要求特殊待遇，或者只是想简单地得到答案。你不一定要热爱一门学科才能做到最好。告诉自己，你最终是想成为一个终身学习者，并以这种精神寻求帮助，而不是用这样的问题作为开场白："老师，你能告诉我下次考试会考哪些问题吗？"

在他们不忙的时候去找他们，自我介绍，然后友好地询问你是否可以和他们聊聊。请务必事先明确你希望他们为你做什么，并带着解决问题的积极态度提前做好准备。如果你对学习的某些方面感到困难，要具体地提出问题，而不是简单地抱怨。积极寻求建议、额外的学习资源或额外的家庭作业。大多数老师都会非常乐意帮忙。通过提出一些有针对性的问题，向你的老师表明，你已经积极主动地发现了问题，比如："我怎样才能提高我的作文写作能力？"或"这一章节我完全不懂——能推荐一些视频教程吗？"

2. 及早与老师沟通

请记住，学习成绩不好或对学习感到困惑并没有什么好羞愧的。你寻求帮助和支持的做法令人钦佩，所以不要让尴尬或紧张的情绪影响到你。如果你有不明白之处，就直截了当地说出来。有问题就大声问出来，直到你弄明白为止。保持专业，尊重老师的时间，他们很可能会给你一些可行的建议。

寻求老师的帮助是一回事，但他们不能代表你解决你自己的问题。如果你在课程开始几个月，两次考试失败后才寻求帮助，不要指望有老师会很兴奋地想帮你赶上进度。另外，如果你主动寻求帮助，却没有主动自己解决问题，也不要指望他们会对你有好印象。诚实和坦率很重要，尽早与老师一起解决问题。

3. 考试之后的沟通

考试结束后，你可能会对自己的成绩感到失望，发现了自己的一些问题。如果你考得不好，给自己点时间处理情绪并让自己冷静下来。如果你努力学习，但成绩比你期望的要差，这可能会让你很沮丧，所以给自己一点时间平息自己的情绪。然后，尽快与你的老师取得联系。

考试结束后，你不太可能可以修改得分，但在某些情况下，你可以要求参加一次重考。如果你觉得考试分数有问题，你当然有权向你的老师提出，但要小心行事。带着真诚的态度，倾听老师的说明，理解你被扣分的原因。被批评或被指出错误可能会伤害你的自尊心，但老师的评价往往是准确的，尽管我们不愿意承认这一点。如果是这种情况，那请虚心接受老师的决定，别太在意也别往心里去。相反，给他们留下你愿意从自己的错误中学习的印象——可能你不觉得这有什么，但这能让你下次真正学到一些好东西。

如果你的老师确实修改了你的成绩或给了你重考的机会，请感谢他们，并尽你最大的努力去珍惜这第二次机会——这是很难得的！如果你的老师真的是一个你不信任或不喜欢的人，或者你觉得是你无法接近的人，这也不是世界末日。另一个最好的办法是在你的同学中找到那些成绩优异的学生，看看他们是否愿意和你一起学习（这里的关键词是——你不想因为要求他们帮助你而增加他们的负担，而是想让共同学习成为一种合作活动）。通过观察他们的学习方法和技巧，你可能会间接地学到很多东西。

4. 其他可以求助的人

也可以考虑向专业的私人教师寻求帮助，他们也可以帮助你快速提升。这里，你必须要擦亮眼睛，任何人都可以宣传他们的家教服务，但训练有素、资质过硬且能自我觉察的老师却少之又少。如果可以的话，可以找别人推荐的老师。在你做出选择之前，也可以试听几次课。与你年龄相近的导师（或者，让我们面对现实吧，只要不是你的老师）可能会给你一个全新的视角，以及一些你在课堂上通常不会学到的技巧和方法。

无论你做什么，都不要把解决问题留到最后一分钟。最好尽早发现潜在的问题并进行小范围的修正，而不是等到情况真的很糟糕时才寻求帮助。有困难本身不是问题，但是拒绝解决困难可能才是问题——只要态度正确，一切都会成为学习的机会。如果你失败了或做得不好，你可能在一段时间内会感到绝望和沮丧，但如果朝着正确的方向采取具体行动，会让你立刻感觉好起来。至少可以向有同情心的老师寻求帮助，让他们与你并肩作战，也能提醒你，你并不孤单！

本章要点：

- 你面对"错误"的态度会对你的学习经历产生巨大的影响。学习变得更好的过程中，错误是正常和必要的组成部分，我们应该拥抱错误。虽然对糟糕的结果感到失望是自然而然的，但我们不应该让这样的情绪阻止我们从每个错误中吸取教训。

- 感受你的感受，承担责任，分析你出错之处，以及出错原因。关键是将这些见解转化为可操作的步骤，确保你不会再犯同样的错误——或者至少下次你会犯一个质量更好的错误！

- 学习是一个过程，而犯错有助于我们理解如何正确地做事。如果我们放下恐惧和自我，那么我们就可以对自我发展采取一种中立和科学的态度。恐慌、自卑、羞耻、自我否定或批评指责，只会妨碍我们学习怎样才能做得更好。不要因为错误而沮丧，试着去理解错误。

- 如果你有严重的考试焦虑，你应该寻求专业帮助或支持。你可以做很多事情来帮助自己，如提前准备，保持有序，直面恐惧，创造低风险的机会来安全地犯错（例如，自我测试！）。

- 对自己抱有深切的宽容悲悯——无论你在任何特定考试中的成绩如何，你都拥有与生俱来的独一无二的价值。

- 你的老师是你最好的资源之一，向他们寻求帮助，但要带着清晰的问题和疑问去找他们，并对自己的学习负责。无论何种情况，最好尽早寻求帮助。

- 除了你的老师，你还可以向其他学生、辅导员或私人教师寻求帮助。养成需要帮助时大声说出来的习惯，从长远来看，你会对自己的能力更有信心。

考 试 前

第一章 奠定基础

● 无论你想通过哪种测试或考试，准备都是关键。你需要一个可靠的学习策略来帮助你保持专注和有效学习。

● 第一步是获悉考试日期，确定你需要开始备考的确切时间，越早越好。尽早开始将使你有时间寻求帮助，有时间复习和完成模拟考试，还有时间处理那些"难啃的骨头"。理想情况下你应该在上课的第一天就开始"备考"，但至少要确保在考试前一个月左右开始积极准备考试。

● 优秀的学生每一天每一周都坚持良好的学习习惯。这包括找到一个合适的、有良好照明和舒适座位的学习地点，制订例行的学习日程，且学习开始和结束时都做了复习安排。保持学习日程有条理，并不断评估学习计划，以便在学习过程中进行微调。

- 虽然没有足够的依据支撑有关学习风格的理论，但当涉及视觉、听觉、读写或动觉形式时，你可能会有你的偏好。一个很好的办法是混合多种学习风格，并借助多媒体手段来获得更全方位的理解。

- 提前创建一份考试清单，这样你就能在考试当天带上你所需要的一切，并反复确认所有细节，如地点、日期和时间。你准备得越充分，你的压力就越小。

- 最后，每个学习计划都应该留出适当的休息时间。可以尝试拉伸、小睡、散步、吃点心或喝饮料、社交、兴趣爱好，或者只是安静地让你的大脑休息和恢复。可以根据任务难度，每隔 50 到 90 分钟休息一次，每次休息 15 分钟左右。番茄工作法是每 25 分钟的活动后，休息 5 分钟，每 4 次活动后有 15 分钟的休息时间。

第二章　有效的学习方法

- 大量研究表明，对巩固记忆和提高认知表现最有效的方式是信息提取练习，即练习记忆并回想新学的信息。最好是你自己制作适合你的复习资料，密切关注自己错的地方而不是对的地方。

- 莱特纳体系法是一种高效练习间隔重复的方法，可以用来增强记忆力。制作一个系列的抽认卡，回答正确的卡片被移到下一个盒子里（共五个盒子），回答错误的卡片都留在当前盒子里。这可以确保你会重复练习对你来说有难度的卡片。当所有的卡片都移到最后一个盒子时，整个练习过程就完成了。

- 研究也论证了使用过去的试卷和进行模拟考试的作用，因为通过这些可以训练你可以遇到考试中实际会出现的问题。也可以帮助你注意试卷出题习惯、分数分配以及你考试时的任何坏习惯。尽可能地模拟实际的考试情境，并采取具体措施来解决你所犯的错误。

- 图表或流程图（尤其是你自己创建的）等视觉辅助工具是总结和呈现学习内容的好方法。你可以使用视觉辅助工具来发现你的知识差距，进行复习或进行自测——但只有当它们真正有助于你的理解时才使用它们。

- 考试的心理状态很重要。自信是一种习得的技能，你可以通过采取积极主动的心态和改变对失败的态度来培养自信。培养一种成长型思维模式，做好准备，尽早采取行动，尝试用自我肯定来平复你的紧张情绪。

- 最后，睡眠可以帮助巩固记忆：晚上睡觉前复习，第二天早上尝试回忆睡前复习的内容，这将增强你的记忆。

考 试 中

第三章　掌握考试策略

- 考试当天，需要保持冷静和专注，并有一整套策略来应对考试。一些学生喜欢使用"记忆倾卸"，这能让他们一次性快速写下他们能记住的一切。这可以减轻认知负荷和压力水平！

- 下一步是弄清楚你共有多少时间，每个问题的分数及你应该在这个问题上投入的时间。养成定期检查自己答题速度的习惯。

- 能快速写下答案当然是很好的，但首先还是要仔细通读所有的答案选项，真正分析你被问到的问题，不要做任何假设。试试 BRAVO 口诀——呼吸、审题、回答、核实和检查。

- 当你阅读问题时，尽力寻找线索和提示。对于选择题，要注意绝对化的术语，对否定或双重否定要特别小心。对于较长的问题，注意像"分析"或"比较"这样的指示词，并确保你实际上是按照问题的要求来回答的。

● 做一个积极参与的读者，边读边记笔记。每一段之后可以暂停来进行"消化"，用画圈或下划线来突出关键术语，或在页边空白处做笔记。

● 会遇到一些困难的问题，但是要保持冷静，集中精力把你知道的做到最好。深呼吸，跳过那些你绝对无法回答的问题，不要在它上面浪费时间或让它动摇你的信心。

● 最后，如果你百分之百确定第一次选择的答案是正确的，那它很可能就是正确的；然而，如果你有怀疑，那就不要迷信第一选择总是正确的——相信你自己的判断，如果你不确定，那就自信地修改答案。

第四章　掌握简答题和论述题答题技巧

● 做阅读理解时，先粗略浏览文章和问题，打好基础，然后在故事中最有可能出现答案的部分再次寻找答案。例如，核心问题很可能出现在文章中间，而不是开头或结尾。

● 写作文时，花几分钟列一个提纲，这样既省时又省力，效果也更好。根据问题的要求来写提纲。试着在你的作文标题中使用问题中包含的短语或术语，或者花些时间定义和阐述那些术语。

● 确定一个主要论点并贯穿整个文章。每个段落都包含一个观点以及支持性论据，再加上一个简洁的引言和结论。以一个主题句开始一个段落，然后在段落中进行阐述和论证。确保每个观点都是一个合理论证的前提，并从逻辑上引向一个结论。在大约三十分钟的写作时间里，要拿出五分钟的时间来列提纲。

● 有说服力的文章要求你表现出更高层次的批判性思维、分析和创造性解决问题的能力。你需要提出你自己的原创论点，并有明确的证据支持你的立场，而不是仅仅分享你的某个观点。保持清晰的逻辑性，紧扣主题，绝不跑偏。一条强有力的论据好过于一个支离破碎的论点。

● 根据你的主题，从正确的来源或作者那里精心挑选的逐字引用可以给阅卷人留下深刻印象，并迅速证明你对内容的理解。但是，要谨慎使用引用，不要忘记把引用的内容融入你自己的相关分析中。

- 例子和示例可以是分享观点的有力方式，但它们需要恰当精心的选择并适当地整合。需要注意：避免包含太多的例子。

考 试 后

第五章　考试后的总结

- 一次考试或一系列考试后，花点时间适当休息，睡个好觉，给自己减压。学习可能会让人很紧张，所以值得花些时间好好休整和照顾自己。

- 一旦休息好了，就该关注一下你的成绩以及你在考试中的表现。学习不会在考试结束的那一刻结束——事实上，学习过程中最重要的部分发生在考试之后，在自我纠正和调整的过程中。学习是一个终生的习惯，永远不会停止。你应该不带评判，诚实而中立地看待自己所处的位置，并对你得到这一结果的原因进行分析。

- 高于平均水平的学生会积极主动地关注他们的表现，坦诚地反思他们的学习方法是否适合他们，这样他们就可以不断地调整、发展和逐步改善。

● 可以问问自己，你是否合理利用了学习资源，你是否保持了良好的心理状态？哪些学习方法是有效的，哪些是无效的？哪些方面你可以改进，并下定决心采取具体行动，以便下次做得更好。不要忘记庆祝你的胜利，这会增强你的信心。

● 学习计划可以帮你解决掉某一特定的考试，除此以外，你还需要从考试中抽出身来，评估你的整个学习轨迹，以及你在这学期、这一学年的学习情况。你不必等到考试时才清楚地了解自己的表现——让自我评估成为一种常规习惯。

● 检查你的日常作息、学习资料、复习习惯、作业情况、模拟考试和阅读材料等是否需要调整或改进。要保持积极主动，朝着正确的方向小步前进。

● 如果你没有足够的机会从老师或考试中获得反馈，你可以通过自我测试来创造反馈的机会。测试、调整、再测试，你不仅会对学习内容更加熟悉，同时也会更加适应考试带来的压力。

第六章　成为终身学习者

● 你面对"错误"的态度会对你的学习经历产生巨大

的影响。学习变得更好的过程中错误是正常和必要的组成部分，我们应该拥抱错误。虽然对糟糕的结果感到失望是自然而然的，但我们不应该让这样的情绪阻止我们从每个错误中吸取教训。

- 感受你的感受，承担责任，分析你出错之处，以及出错原因。关键是将这些见解转化为可操作的步骤，确保你不会再犯同样的错误——或者至少下次你会犯一个质量更好的错误！

- 学习是一个过程，而犯错有助于我们理解如何正确地做事。如果我们放下恐惧和自我，那么我们就可以对自我发展采取一种中立和科学的态度。恐慌、自卑、羞耻、自我否定或批评指责，只会妨碍我们学习怎样才能做得更好。不要因为错误而沮丧，试着去理解错误。

- 如果你有严重的考试焦虑，你应该寻求专业帮助或支持。你可以做很多事情来帮助自己，如提前准备，保持有序，直面恐惧，创造低风险的机会来安全地犯错（例如，自我测试！）。

- 对自己抱有深切的宽容悲悯——无论你在任何特定考试中的成绩如何，你都拥有与生俱来的独一无二的价值。

- 你的老师是你最好的资源之一，向他们寻求帮助，但要带着清晰的问题和疑问去找他们，并对自己的学习负责。无论何种情况，最好尽早寻求帮助。

● 除了你的老师，你还可以向其他学生、辅导员或私人教师寻求帮助。养成需要帮助时大声说出来的习惯，从长远来看，你会对自己的能力更有信心。